广府文库
The Canton Archives

联谊总会 广东省广府人珠玑巷后裔海外联谊会 广东人民出版社 合编

车陂龙舟

曾应枫 著

南方传媒
广东人民出版社

· 广州 ·

图书在版编目（CIP）数据

车陂龙舟 / 曾应枫著 . — 广州：广东人民出版社，2022.6
（广府文库）
ISBN 978-7-218-15652-1

Ⅰ.①车… Ⅱ.①曾… Ⅲ.①龙舟竞赛－文化－广州 Ⅳ.①G852.9

中国版本图书馆 CIP 数据核字 (2021) 第 274839 号

Chebei Longzhou

车陂龙舟

曾应枫 著

出 版 人：肖风华

策划编辑：夏素玲
责任编辑：谢 尚
封面设计：亦可文化
版式设计：广州六宇文化传播有限公司
Guangzhou Liuyu Culture Communication Co., Ltd.
责任技编：吴彦斌　周星奎

出版发行 广东人民出版社
地　　址：广州市大沙头四马路 10 号（邮政编码：510102）
电　　话：（020）85716809（总编室）
传　　真：（020）85716872
网　　址：http://www.gdpph.com
印　　刷：广州市豪威彩色印务有限公司
开　　本：787mm×1092mm　1/16
印　　张：13.5　　**字　数：**164 千
版　　次：2022 年 6 月第 1 版
印　　次：2022 年 6 月第 1 次印刷
定　　价：68.00 元

如发现印装质量问题，影响阅读，请与出版社（020-85716849）联系调换。
售书热线：020-87716172

《广府文库》学术委员会

（按姓氏笔画为序）

王美怡　　司徒尚纪　　李权时　　张荣芳

陈忠烈　　陈泽泓　　陈俊年　　郑佩瑗

总　序

　　广府文化，一般是指以珠江三角洲为中心的粤中，以及粤西、粤西南和粤北、桂东的部分地区使用粤语的汉族住民的文化，是从属于岭南文化范畴的中华文化重要组成部分。

　　先秦时期已有不少游民越五岭南下定居；秦朝大军征服南越后，不少秦兵留居岭南，成家立业，可以说是早期的南下移民；唐代以降，历代中原一带战乱频仍，百姓不远万里，相率穿越梅岭，经珠玑巷南下避难。这些早期的南下移民和其后因战乱而南来的流民分散各地，落地生根，开基创业。其中在珠江三角洲一带与原住民融洽相处、繁衍生息的，也就逐渐形成具有相同文化元素的广大族群，他们共同认可和传承的文化便成为多元的、别具一格的广府文化。

　　广府文化可圈可点的形态和现象繁多，若从中华民族发展的历史来看，广府核心地区最大贡献应该在于历代的中外交往，这种频密的交往，使近代"广府"成为西方先进事物传入中国、中国人向西寻求救国真理的窗口。西方文化是广府文化得以不断丰富和发展的重要来源，也成就了广府文化的鲜明特色。广府核心地区是中国民主革命的发源地。在近代以后，广府人与中国民主革命的关系特别密切。广府文化是中国民主革命发源于广东、广东长期成为中国民主革命中心地区的重要基础，而革命文化又成为广府文化最为耀目的亮点之一。孙中山和他的亲密战友们的著作、思想，以及康梁的维新思想从广义看来也应属民主革命思想范畴，他们的思想形成于广府地区，同样是讨论广府文化应予重视的内容。近代广州，是马克思主义早期传播的重要地区，又是中国共产党早期活动的重要舞台，可见广府文化与红色文化一直存在着千丝万缕的特殊关系。

上述数端，都是讨论广府文化时应予优先着眼的重中之重。

广府文化中的农耕文化也很值得称道。广府农耕文化是广府人的先祖为后人留下的一笔具有重大价值的遗产。曾经在珠江三角洲，特别是顺德、南海一带生活过的上了年纪的广府人，大都应该记得自己少小时代家乡那温馨旖旎的田园风光吧？昔日顺德、南海一带，溪流交织如网，仰望丽日蓝天，放眼绿意盈畴，到处是桑基、鱼塘、蕉林、蔗地。人与大自然的和谐相处，在这片平展展的冲积平原上表现得再鲜明不过了。从前人们在这里利用洼地开水塘，养家鱼；在鱼塘边种桑，用桑叶饲蚕；又把经过与鱼粪混凝的塘泥，戽上塘边的桑基作肥料培育桑枝，成熟的桑叶又成为蚕儿的食粮。真是绝妙的废弃物循环再利用！从挖塘养鱼到肥鱼上市；还有桑葚飘香、蚕茧缫丝的整个过程，就是一堂生动而明了不过的农耕文化课。那是先祖给子孙们一代复一代上的传统农耕文化课，教育子子孙孙应当顺应物质能量循环的规律进行生产。这千百年来不知道曾为多少农家受益的一课，如今已在时代进程中，在都市文化和时尚文化的冲击、同化与喧嚣中逐渐淡化以至消隐了，但先祖那份遗产的珍贵内涵，还是值得稳稳留住的，因为"人与自然的和谐相处"，永远是我们必须尊重、敬畏和肃然以对的课题。

广府人，广府事，古往今来值得大书特书者不知凡几！

广府人的先民来自以中原为主的四面八方，移民文化与原住民文化日渐相融，自然形成了异彩纷呈的多元性文化。例如深受广府地区广大观众喜爱的粤剧，就是显著的一例。据专家考究，粤剧是受到汉剧、徽剧以及弋阳腔、秦腔的影响而成为独具特色的剧种的。孕育于辛亥革命前后的广东音乐（亦称粤乐）也是突出的一例。这种源于番禺沙湾，音调铿锵、节奏明快的民族民间乐曲，也是历史上来自中原的外来音乐文化与广府本土音乐文化相结合，其后又掺入了若干西洋乐器如提琴、萨克斯管（昔士风）等逐渐衍变和发展而成的音乐奇葩。

在教育和学术领域方面，历史上的广府也属兴盛之区，宋代广府即有书院之设；到了明代，更是书院林立，成效卓著。书院文化也堪称广府文化中炫目的亮点。湛若水、方献夫、霍韬等分别在南海西樵山设立大科、石泉、四峰、云谷四大书院讲学，使西樵山吸引了各地名儒，一时成为全国瞩目的理学名山，大大提升了岭南文化品位的高度。到了明神宗时期，内阁首辅张居正厉行变法革新运动，民办书院一度备受打压。其后，也因民办书院的办学宗旨和教学方针并非以统治者的意志为皈依，故仍常被官府斥为异端，频遭打压，但民间创办书院的热情依旧薪火相传。清乾隆五十四年（1789），南海西樵名士岑怀瑾于西樵山白云洞内的应潮湖、鉴湖、会龙湖之间倡办的三湖书院，名声远播、成效甚著，可见当时民办书院的强大生命力未因屡遭打压而衰颓。康有为、詹天佑、中国近代民族工业的先驱陈启沅、美术大师黄君璧与有"岭南第一才女"美誉的著名诗人、学者冼玉清都是从三湖书院出来的名家。

清代两广总督阮元在广州越秀山创办学海堂书院，其后朝廷重臣、洋务运动的重要代表人物张之洞，又设广雅书院于广州，这两所书院引进了若干西方的教育理念，培育了一批新式人才，在岭南教育事业从旧学制到新学制转型的过程中起了不容低估的积极作用。这都是很值得予以论述的。

广府在史上商业发达，由于广州曾长期作为中国唯一合法的对外贸易口岸，因而商贸繁盛，经济发达。十三行独揽中国对外贸易法定特权达 85 年之久。十三行商人曾与两淮盐商和山陕商帮合称中国最富有的三大集团。如此丰厚的商贸沃土，孕育出许多民族企业家先驱和精英，也就是顺理成章的了。马应彪、简照南、利希慎、何贤、马万祺、何鸿燊、霍英东、郑裕彤、李兆基、吕志和等，就是其中声誉卓著的代表人物；在改革开放大潮中涌现的英杰奇才，更是不胜枚举。广府籍的富商巨贾和华侨俊杰，在改革开放的伟业中表现出来的爱国热忱、赤子情怀感人至深。他们纷纷以衷心而热切的行动，表现对改革开放的拥护和支持，为祖国的各项社会主义建设事业不惜投巨资、出大力，作出了有目共睹的巨大贡献。

广府地区在文学艺术方面也是英才辈出，清初"岭南三大家"屈大均、陈恭尹、梁佩兰享誉全国；近人薛觉先、马师曾、千里驹、白驹荣、红线女等在粤剧界各领风骚；高剑父、高奇峰、陈树人高举"岭南画派"的大旗，为岭南绘画艺术的创新和发展另辟蹊径；冼星海的组曲《黄河大合唱》，以其慷慨激昂的最强音，气势磅礴，有如澎湃怒涛，大长数亿中国人民的志气和威风，鼓舞不愿做奴隶的人们敌忾同仇，在抗日战争中横眉怒目，跃马横刀，终于使入侵的暴敌丢盔弃甲，俯伏乞降……中国的近现代史，不知洒落过几许广府人的血泪！百年之前，外有列强的迫害和掠夺，内有反动统治者的欺压和凌虐。正是那许多苦难和屈辱，催生了广府人面对丑恶势力拍案而起的勇气，他们纵然处于弱势，仍能给予暴敌以沉重打击的悲壮史实，足以使人为之泫然。清咸丰年间，以扮演"二花面"为专业的粤剧演员鹤山人李文茂，响应洪秀全号召，率众高举反清义旗，占领三水、肇庆，入广西，陷梧州，攻取浔州府，改浔州为秀京，建大成国；再夺柳州，称平靖王。19世纪中叶那两场以鸦片为名的战争，向侵略者认输的只是大清朝廷龙座上的道光皇帝和咸丰皇帝；而让暴敌饱尝血的教训的，却是虎门要塞的兵勇和三元里的农家弟兄。他们以轰鸣的火炮、原始的剑戟以至锄头草刀，把驾舰前来劫掠的强盗们打得落花流水。1932年，十九路军总指挥东莞蒋光鼐、十九军军长罗定蔡廷锴，率领南粤子弟兵，与入侵淞沪的日军浴血苦战，以弱胜强，以少胜多。那撼人心魄的淞沪抗日之战，不知振奋过多少中国人民！在强敌跟前，不自惭形秽，不自卑力弱，真可谓广府人可贵的传统风格。试想想，小小一名舞台上的"二花面"，居然敢于揭竿而起，横眉怒目，与大清帝国皇帝及其千军万马真刀真枪对着干，那是何等气概！何等胸襟！何等情怀！

那许多光辉的广府人和广府事，真足以彪炳千秋，自应将之铭留于青史，以敬先贤，以励来者。

岭南文化的典型风格是开放、务实、兼容、进取；广府民系的典型民风是慎终追远、开拓奋斗、包容共济、敢为天下先。这都是作为广府人应该崇尚和发扬的光荣传统。为何广东成为民主革命的策源地？为何广东在改革开放大潮中成了先行一步的排头兵？为何经济特区的建立首选在南海之滨……这些都可以从上面的概述中得到合理的解释。

以上只不过是信手拈来的三数显例而已，广府文化万紫千红，郁郁葱葱。说工艺园林也好，说民俗风情也好，以至说建筑、说饮食、说名山丽水……都言之不尽，诉之不竭。流连其间，恍如置身于瑰丽庄严的殿堂。那岂止是身心的享受，同时还仿佛感受到前贤先烈们浩然之气渗入胸襟，情怀为之激越无已。

广府！秀美而又端庄的广府！妩媚而又刚毅的广府！历经劫难而又振奋如昔的广府！往事越千年，这里不知诞生过几许英杰，孕育过几许豪贤！在她的山水之间，也不知演出过几许震古烁今的英雄故事！我们无限敬爱的先人，在这四季飘香的热土上所创造的精神财富和物质财富，其丰硕繁赡是难以形容和无法统计的。那一切，都是无价之宝啊！要不将之永远妥善保存和传承下来，那至少是对广府光辉历史的无视和对先祖的不恭。

基于此，广府人联谊会与广东人民出版社决定联合出版《广府文库》丛书，用以保存和传承老祖宗所恩赐的诸多珍贵遗产。我们将之作为自己肩上的光荣责任和必须切实完成的庄严使命。

《广府文库》的出版宗旨，在于传承和弘扬广府文化、广府民系的正能量，力求成为一套既属文化积累，又属文化拓展，既有专业论著，又能深入浅出、寓学术于娓娓言谈之中的出版物，高度概括和总结具有悠久历史的广府民系风貌和广府文化精粹，传而承之，弘而扬之，使之在社会主义建设，在中华民族的伟大复兴过程中起应有的积极作用。选题范围涵盖有关广府地域的各方面；出版学术界研究广府文化的高水平专著，以及受广大读者欢迎的有关普及读物；同时兼顾若干经典文献和民间文献的出版，使之逐步累积成为广府文化研究不可或缺的知识库和资料库，以"整理、传承、研究、创新"为基本编辑方针。《广府文库》内容的时间跨度无上下限。全套丛书计划出版100种左右，推出一批具有较高学术价值的原创性论著，以推动广府文化学术研究的创新性发展。内容避免重复前人研究成果、与前人重复的选题，要求后来居上，做到"借鉴不照搬，挖掘要创新"。选取广府文化史最为经典、最具代表性的部分，从具体而微的切入口纵深挖掘，写细写透，从而凸显广府精神的内核和广府文化的神髓，积跬致远，逐步成为广受欢迎和名副其实的文化宝库。

2021 年 12 月

目录

前　言

　　广府地区扒龙舟（扒，粤语可作"划动"之意）可以说是从古代百越人沿袭下来的，具有悠久历史而又有丰富文化内涵的传统习俗，由此衍生的龙舟文化是岭南地区最具特色、流传地区最广的民俗文化。

　　古称百越、南越的广府地区，是指以广州为中心向外辐射珠江三角洲一带的十多个县区，属于亚热带气候，水、土、光、热等自然资源和生物资源极其丰富。但此地在生产力低下的古代，自然环境又是恶劣的，成为中原人谈之色变的"瘴疠"之地。在这样的生态环境下，为了生存，人们要与大自然进行顽强的斗争。广州黄埔区一带的村民至今仍保留着端午期间饮"午时茶"的传统习俗，意义在于祛病、健身，其渊源可追溯到先秦时代。梁朝宗懔撰《荆楚岁时记》有曰："是日竞渡，采杂药。"说明龙舟节包含着人类抵抗自然灾害（瘴疠）的内容。

　　因广府地区大多是水乡，河网密布，河涌纵横，民众依河而居，因而自古有话"越人善用舟"，清初学者屈大均曾有考究："禹，番禺也。《山海经》云：番禺始为舟。番禺者，黄帝之曾孙也。

其名番禺，而处于南海，故今广州有番禺之山。其始为舟，故越人习舟。"① 今人胡朴安也说，南越人是以独水舟穿梭于河川海浪间。其人"身御灵风""习海竞渡角旺"。② 珠江水滋润了这里的人民，繁荣了这里的经济，丰富了水乡的民俗文化。

古往今来，对端午扒龙舟的由来有种种说法，有说源于纪念屈原，有说源于纪念伍子胥或越王勾践，又有说源于夏至的节气，更有说源于"五月五日是恶月恶日"……广府人更愿意信服闻一多的考证论说——端午扒龙舟源于吴越民族的龙图腾崇拜活动，因为龙图腾崇拜的龙舟竞渡风俗起源于南方。古越人以舟楫为家，以龙舟祭祀礼仪禳灾求福，祈求生命得到保障，物产丰饶。每年在春夏之交的端午期间举行的龙图腾祭祀，产生了扒龙舟风俗，后来附以纪念爱国诗人屈原。两千多年来，各种的传说、典籍和民间活动联系起来，不断丰富和发展着本地扒龙舟的风俗。

广府龙舟文化历史悠久，早在汉代，就有相关活动雏形。南越王墓曾出土一件文物——船纹铜提筒，提筒腰部刻有一组船纹图案，图案中有一艘华丽的船，头尾高翘，船上有羽人舞蹈，桨手划桨，与现代扒龙舟活动相似。五代十国南汉时期，广州城内的西湖就有端午龙舟竞渡的活动，南汉后主刘𬬮（958—971 年在位）命人在广州城西疏浚"玉液池"。清代李调元曾记载："世屏堂在府城西，宋知广州蒋之奇建。其下有池，列石嶙峋，即南汉所为明月峡、玉液池。旧有含珠亭、紫云阁，每端午令宫人竞渡其间。"③ 可见每年的端午节都在那里举行龙舟竞渡。

---

① 〔清〕屈大均：《广东新语》卷十八《操舟》。
② 胡朴安编著：《中华全国风俗志》上篇卷 8，中州古籍出版社 1990 年版。
③ 〔清〕李调元：《南越笔记》，载王五云主编：《丛书集成初编》，商务印书馆 1936 年版，第 2 页。

到了南宋，广州的端午赛龙舟活动已很精彩。南宋名臣、番禺人李昂英的《水龙吟·观竞渡》描述了当时龙舟竞渡的盛况："碧潭新涨浮花，柳阴稠绿波痕腻。一声雷鼓，半空雪浪，双龙惊起。气压鲸鲵，怒掀鳞鬣，擘开烟水。算战争蛮触，雌雄汉楚，总皆一场如此。 点额许教借一，得头筹、欢呼震地。翻嗤浮世，要津搀进、奔波逐利。斗了还休，倩渠衔寄，三闾角黍。会风云、快出为霖，可但颔明珠睡。"[①]该词描写的就是南方赛龙夺锦的风俗。伴着擂鼓声，双龙竞发，勇争头筹，激起万千水花，竞渡场面气势恢宏。

明代中叶，端午节广东扒龙舟习俗与楚俗相结合了。明嘉靖《广东通志初稿》载："端午酿角黍，饮雄黄、菖蒲酒，缚艾虎于门。儿女戴朱书篆符、系香袋彩绳缠臂。长者簪艾叶、榴花，皆曰避邪。江浒设龙舟竞渡，以效楚俗，观先后为胜负，胜者辄得赏。"[②]明嘉靖《广东通志》亦载同样的内容以反映当时广州城附近河道热闹的龙舟赛事："江浒设龙舟竞渡，以效楚俗，观先后为胜负，胜者辄得赏。"[③]

到了清代，民间的端午节赛龙舟活动已很普遍。清屈大均在《广东新语》一书中，对珠三角每年端午节期间龙舟竞渡的数个场面皆有描述："四月八日浴佛，采面苴椰，捣百花叶为饼。是日江上陈龙舟，曰出水龙，潮田始作。五月自朔至五日，以粽心草系黍，卷以柊叶，以象阴阳包裹。浴女兰汤，饮菖蒲雄黄醴，

---

① 〔南宋〕李昂英：《文溪集》卷十九《诗余》，清粤十三家集本。

② 〔明〕戴璟主修：嘉靖《广东通志初稿》卷十三《风俗》，载广东省地方志办公室辑：《广东历代方志集成·省部（一）》，岭南美术出版社2007年版，第345页。

③ 〔明〕黄佐纂修：《广东通志》，《风俗》。

以辟不祥。士女乘舫，观竞渡海珠，买花果于蜑家女艇中。"①

清王士禛的《广州竹枝词》也写出广州海珠石江中赛龙舟盛景："海珠石上柳荫浓，队队龙舟出浪中。一抹斜阳照金碧，齐将孔翠作船篷。"

清代番禺沙湾人何博众、何柳堂等有感于当时当地扒龙船这一盛况，创作了富有岭南特色的广东音乐《赛龙夺锦》，流传至今，成为广东音乐的经典之作。

1949年新中国成立后，端午节扒龙船成为珠江三角洲水乡盛大的娱乐活动。广州市有关部门从1953年起，组织龙舟比赛或表演，参加活动的龙舟数量逐年增加，至1961年有60艘，每年端午龙舟节比赛赛径多是从二沙头至海角红楼。②那时的珠江河上锣鼓喧天，浪花飞溅，两岸观众云集，万人轰动。此后，由于龙船均为姓氏宗族所购置，划龙舟成为姓氏宗族联谊的活动，因此此项活动多次被禁止。"大跃进"、"四清"运动、"文化大革命"时期都停止划龙船。③

但扒龙船习俗在民间百姓的心中从没有间断过，即使在20世纪60年代经济困难的时期和"文化大革命"期间活动中止了，但广府水乡的民众仍然心系龙舟，将龙舟头和龙船保护好深藏好。一直到1979年，催人奋发的龙船锣鼓再次响彻广府水乡，广州市属县区及珠江三角洲一带水乡的扒龙舟活动重新焕发，并迅速得以发展。

①〔清〕屈大均：《广东新语》卷九，中华书局1985年版，第298页。
②《广州国际龙舟邀请赛概况》，载广州市人民政府文史研究馆、广州市人民政府参事室主编：《广府民俗多锦绣——非物质文化保护与传承》（2015年），第28页。
③陈建华主编：《广州市文物普查汇编（天河区卷）》，广州出版社2008年版，第907页。

1985 年起，广州市按照国际标准先后组织了多届龙舟赛。1988 年的龙舟竞渡，开创了将体育、经贸、文化、娱乐旅游活动相结合的先河。1990 年参赛龙舟 1434 艘次，观众 166 万人，其中海外旅游者 6000 余人。

1994 年，广州市人民政府正式把"广州端午节"定为"广州龙舟节"。此后，在广东、香港、澳门等地分别举办"国际龙舟节"。龙舟竞渡逐渐从民间地方习俗演变成由官方举办的专业竞技活动，形成有章法、有规范的龙舟体育文化，并蔓延到世界多个国家和地区，在浩瀚的体育大观园中占有一席地位。广州市人民政府每年在珠江河段举办广州国际龙舟邀请赛，使之成为广州市民欢度民间节庆的一个新热点。

历经上千年，扒龙舟在广府水乡已经成为十分普及的文化体育活动。2008 年，广州"扒龙舟"被列入广东省非物质文化遗产代表性项目名录。珠江三角洲的南海、顺德等区域龙舟队声名远扬，多次在粤港澳及国内外的一些重要龙舟比赛中获大奖。《广府文库》主编要笔者选择广府地区扒龙舟的一个代表性（个案）典型，通过讲述一个村落的龙舟文化，将广府扒龙舟这一具有深远意义及文化内涵的民俗文化展示出来，笔者第一个反应是——要写车陂龙舟，理由有如下五点：

第一，车陂是广州市天河区一个典型的城中村，有着悠久丰富的历史文化，人文环境得天独厚，每年五月初三的车陂龙船景影响深远。从古到今，广州府下辖数县区的龙船齐发，共赴车陂，一两百艘龙舟同时参加龙船景，围观群众达 10 万人次，堪称广州之最。

第二，车陂龙船景至今保留了传统的起龙、采青、赛龙、招景、趁景、斗标、探亲、新龙进水的环节，以及吃龙船饭、吃龙船饼、饮午时茶、藏龙等一系列活动贯穿龙舟节始终。

第三，车陂至今保留有大量传统的龙船用具。直至 2021 年，村内有 56 艘三四十米长的传统龙船，当数全国乡村之最，且龙舟形制齐全，有长龙、短龙、乌龙、红龙、彩龙，还有凤船等。龙舟制作材质多样，有坤甸木、铁楸木、杉木等。其中有 150 余年历史的龙船"东坡号"仍然可以扒着去趁景。

第四，车陂村的祠堂文化丰厚，车陂龙舟文化的传承与发展以村内的九大姓氏宗祠组成的 12 个龙船会为组织单位，体现了传统的祠堂文化在现代的积极作用。

第五，车陂新老一代的龙舟文化传承人承前启后，提出的"一水同舟"的保护理念具有前瞻性，以此命名的村办龙舟文化展览馆受到社会各界的关注。在此理念下，车陂人不仅保护龙舟文化，而且通过大力治理河涌保育龙舟文化环境。

总之，车陂的龙船人气旺，民间素有"未踏车陂龙船地，莫提睇过龙船景"的美誉。车陂的人也很牛气，旧时有一首歌谣这样传唱："车陂又有龙船又有戏，又有蚬沙省（粤语，擦）大髀，又有蚬汤浸饭微，又有牛骨煲大薯，有女吾嫁车陂等几时。"如今的车陂村，是广州市天河区的第一大村，从乡村变成了新型城中村，一河两岸经过大力整治，河水变清了，祠堂变美了，不仅是拥有龙船最多的乡村，也是环境优美的传统水乡。坊间吟诵车陂的民谣传诵百年，现由车陂郝氏后人郝善楚在民谣首句的"车陂"前加上"好"与"美"两字，并填好词，请星海音乐学院的教师徐小兰谱曲，让车陂的孩子们大声传唱：

车陂好，车陂美！占有天时地又利，又有龙船又有戏，
又有坑沙省大髀，又有蚬汤渗饭微，唔嫁车陂等几时。

车陂龙舟

郝善楚 词
徐小兰 曲

1 = C 4/4
♩ = 120

（ X X X   X X X ｜ X X X X X X X ｜ X X X X X X X ｜
童声：车 陂 好，车 陂 美！ 占 有 天 时 地 又 利， 又 有 龙 船 又 有 戏，

X X X X X X X X ｜ X X X X X X X ｜ X X X X X X ｜ X — — — ｜
又 有 坑 砂 省 大 髀， 又 有 蚬 汤 渗 饭 微， 唔 嫁 车 陂 听 几 时。

6 — — 5 3 ｜ 2 — — 1 2 ｜ 3 — — 2 3 ｜ 6 — — — ）｜

‖: 3 6 6 3 3 3 ｜ 5 1 5 6 — ｜ 6 1 5 6 2 5 5 2 ｜ 3 — — — ｜
千 年 古 村 彰 南 国 粤 韵， 十 里 名 埠 承 广 府 文 脉。

3 6 6 6 ｜ 5· 3 2 — ｜ 2 3 5 5 5 5 ｜ 6 — — — ｜
龙 舟 之 乡 世 代 传， 车 陂 龙 船 童 谣 声。

6 3 7 1 ｜ 5 2 5 6 — ｜ 2 1 2 6 2 5 2 ｜ 3 — — — ｜
龙 舟 妙 韵 同 舟 共 济， 风 雨 兼 程，携 手 同 行。

6 6 2 6 ｜ 5 5 3 2 — ｜ 1 6 1 2 3 5 1 ｜ 6 — — — ｜
一 水 同 舟 与 你 共 鸣， 赛 龙 夺 锦， 唯 我 称 威。

1.
6 6 5 6 — ｜ 1 1 7 6 — ｜ 1 1 1 6 5 3 3 — — ｜ 6· 6 6 2 ｜
车 陂 好， 车 陂 美！ 竞 渡 聚 龙 溪。 急 鼓 千 锣

6 3 5 2 — ｜ 6 2 1 2 2 5 6 ｜ 6 — — — ｜ 1· 2 1 7 ｜ 6 — — — :‖
翻 巨 浪 旋 桡 万 转 拼 高 低。 喝 彩 两 岸 堤。

2.
5· 3 6 — ｜ 3 7 6 6 — ｜ 1· 7 5 3 5 7 6 — — ｜ 1· 6 1 2 ｜
五 月 三， 龙 舟 节， 招 景 聚 龙 溪。 百 龙 趁 景

3 6 5 6 5 3 — ｜ 2 1 2 6 5 1 7 5 6 — — — ｜ 2· 1 1 7 ｜ 6 — — — ‖
贯 今 古 千 桨 击 浪 传 乡 情。 欢 笑 满 岸 堤。

微信扫码
听真人唱《车陂龙舟》
（资源由郝善楚提供）

微信扫码
看《百年传承 活力龙舟》
（作者：孔剑锋、张河飞）

7

广府文库

广府古村有龙舟

车陂龙舟（郑树强）

车陂涌龙舟竞渡

车陂龙溪龙船鼓

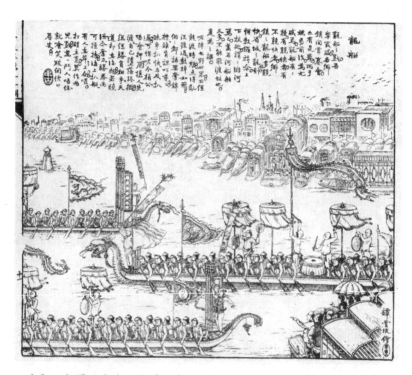

清代画家谭云波的画作《龙舟竞渡图》反映广州珠江上扒龙船的热闹情景

义仓碑拓印图

晴川苏公祠对联"武功伟业参天地,眉山翰墨贯古今"

龙船桨

奋力赛龙舟

车陂村名溯源流

　　车陂村别名龙溪，南临珠江，北眺崇山，位于广州市东郊中山大道与黄埔大道之间，车陂路以东、东圃大马路以西一带约 2 平方公里的地块，离广州市中心以东约 10 公里，今广州地铁的四、五、二十一号线的"车陂""车陂南""东圃"三个车站都在车陂属地。新中国成立前车陂属番禺县鹿步司，现属天河区。南宋大学士兼兵部尚书王道夫之裔孙王龙溪在此定居并大力建设本村，后人为纪念王龙溪的功德，将本村改名为龙溪。后又因本村属车陂堡，明代称车陂乡，改成现称车陂村。车陂街道办事处于 1981 年成立，行政辖区总面积 5.6 平方公里，下辖车陂经济发展有限公司（原车陂村）与 15 个经济社。虽然车陂村委会更名为"车陂经济发展有限公司"，但人们仍然习惯已延续好几百年的"车陂村"叫法，村民（现称居民）要到"车陂经济发展有限公司"办事，都说"去村委会"。车陂村在广州地区是赫赫有名的历史文化名村，也是龙舟文化名村。

　　车陂村建于何年呢？据 2003 年出版的《车陂村志》记载，车陂村始建于唐朝，兴于宋末元初时期。中原人民为避战乱，纷纷南迁。现居住在西华的苏氏就是于宋朝（约 1138 年）迁入番禺永泰乡（今车陂）。当时，永泰乡已有唐、白、钟、罗等姓

氏居住。随后，车陂其他姓氏的先祖为躲避北方战乱，也是历尽
千辛万苦，翻越梅岭，或从南雄珠玑巷，或从福建等地辗转来到
永泰乡今车陂涌两侧择地而居。[①]

千百年前的车陂涌两岸是一块滩涂地。车陂村的先祖们，逃
难到车陂涌两岸围田垦殖。居住在车陂村中心偏南的苏姓与黄泥
塘梁姓一起，把车陂西涌堵塞，引水南流，将河涌改为鱼塘。在
南尾涌，围滩造田，改造横涌。居住在车陂南端的沙美梁姓，在
珠江河边的滩涂上围海造田，耕耘渔猎。其他各姓氏都在车陂四
周开荒造田，以农耕为生，逐渐在河涌两岸形成村落。同是天涯
沦落人，各姓氏族和睦相处，团结一致抵抗外来恶势力的渗透，
如同大家庭一样，济济一堂，共同发展和建设车陂村。

车陂在宋元时期属永泰乡，后改称龙溪村，明清时期才改称
车陂，此后便以车陂为村名。有关"车陂"之名的来由，村民有
两种说法：

一种说法是源于车陂水（"车"用作动词，"陂"为塘）灌
溉农田，取其意称作"车陂"。另一种说法是，在明清时期车陂
北侧有一条官路（今中山大道）通往京城。每天官路上车水马龙，
往来马车络绎不绝地在村边经过，给村民出行带来很大方便。一
些富裕的村民也拥有马车，此谓有"车"；龙溪上游筑陂拦水，
自流灌溉农田，此谓有"陂"，故取名"车陂"。

车陂为什么又叫作"龙溪"？说来这是与车陂的宗族名人有
关。车陂东北面有个尚书王公祠，这是该村的王太原氏族为纪念
先祖、南宋大学士兼兵部尚书王道夫，于元至元六年（1340）而
建的家庙。

[①] 广州市天河区车陂村民委员会编：《车陂村志》，中华书局2003年版，第23页。

王道夫（1235—1279）出身中原望族，接受良好的家训，为南宋咸淳四年（1268）进士，又是著名的广州抗元将领。南宋末年，元兵逼近临安，南方各地军民纷纷响应。王道夫升调为兵部侍郎广东转运使，曾带领兵马在广州东圃附近驻扎。景炎二年（1277）十一月，元兵第三次进攻广州城，守城的将领张镇孙奋力抵御，但终不敌，被元兵攻陷。王道夫在景炎三年（1278）三月，组织军民浴血奋战，几经激烈艰苦的战斗，再次收复广州城，为此得到端宗皇帝下诏嘉奖。同年四月，王道夫临危受命，被加封为大学士兼兵部尚书。王道夫等与军民不畏强敌，保卫广州城达九个多月，后宋军终因伤亡殆尽兵败退走广东新会崖山。南宋祥兴二年（1279）正月，两路元军一南一北对崖山夹攻，王道夫用船迎击。与元兵进行激烈的战斗，王道夫身负重伤而败退。二月初六，陆秀夫见大势已去，换上盛装朝服，负帝昺投海而死。王道夫历经奋战，伤痕累累，宁死不降元，亦随之蹈海，以躯殉国，终年仅44岁。王道夫遗子两人，长子应孙，生一子号龙溪，定居番禺县永泰乡（今车陂）。抗元英烈王道夫的裔孙王龙溪为车陂村做了很多好事，且有影响力，后人为纪念他，将流经村中心的河流取名"龙溪"，永泰乡定名"龙溪乡"，龙溪村因此而得名。

车陂曾属番禺县鹿步司永泰乡管辖，乡办公机构设在现在的车陂村内。在乡衙门一带，有一街市称永泰市。兴盛时期，永泰市经营各种行业的商铺多达数十间。车陂东岸有一条街名叫永泰直街，是当时永泰市中心的所在地。永泰名号沿用至今。

清康熙二十五年（1686），番禺县鹿步司设12个堡，龙溪村归属车陂堡，车陂堡是办公所在地，故龙溪村以堡为名而称"车陂"。

龙溪九姓血脉传

发展至今，车陂村已成为广州市天河区最大的城中村之一，人口众多，姓氏繁杂。据《车陂村志》记载的 2000 年人口统计，车陂村共有居民（含农业人口）10220 人，外来人口 2 万多人。20 年后，据 2020 年第七次全国人口普查，车陂街实有登记人口 210688 人，其中户籍人口 53032 人；车陂村内有 7 个社区，居住总人口有 130356 人，其中户籍人口 16279 人。车陂村里有多个姓氏族群，据 2003 年版的《车陂村志》统计，世居车陂的除了原有的唐、白、钟、罗等姓氏外，有几大姓氏多为南宋末年从珠玑巷等地，通过驿道迁徙而来。主要姓氏有马、王、麦、苏、郝、黄、梁、简、黎等九大姓，其他姓氏约有四十四姓，还有各个时期特别是改革开放后从各地融入的新车陂人，共有 53 个姓氏组成车陂村大家族。①

车陂村的马、王、麦、苏、郝、黄、梁、简、黎等九大姓氏，不但拥有历史悠久的祠堂，而且有的姓氏宗祠产生三五个分支公祠。不管有没有族谱，族人在心中都会记着本家族的发源、迁徙、兴衰等历史。车陂的每一个姓氏祠堂都有自己的故事，记载着宗族子弟的兴衰荣辱，延续着每一个宗族代代相传的血脉。数百年来在车陂的几大姓氏宗族中，曾走出尚书、大学士等这样的人物，他们一直是族人的骄傲，也是族人自省自律、励志奋发的力量源泉。

悠久厚重的祠堂文化对车陂村的稳定发展可谓功不可没，民俗文化的传承是宗族向心力的体现。祠堂文化已成为宗族之间相

---

① 广州市天河区车陂村民委员会编：《车陂村志》，中华书局 2003 年版，第 31 页。

互促进、相互交流、相互融合的有效桥梁，在教化村民、稳定秩序、化解矛盾方面有着不可替代的作用，对良好民风的形成有着巨大的推动作用。车陂村的祠堂既是族人祭祀祖先或先贤的场所，也是本氏族龙船文化活动中心，各祠堂无一例外都在祖先神位的两边摆放着龙船头及各种龙船桡、神斗，最醒目处悬挂着本氏族在龙舟比赛中获奖的奖旗。

车陂村分布有各姓氏大大小小 33 个宗祠（公厅），这些宗祠如同散落在这 5.6 平方公里小小"版图"上的一颗颗"珍珠"。这 33 个祠堂中面积最大的有 4000 多平方米，最小的也有 300 多平方米。祠堂建筑集岭南建筑文化之大成，大祠堂均采取三进宫廷式砖木结构，天井、长廊、厢房、斗拱、祖堂布局严谨对称，轩昂雄伟，精美的砖雕、灰雕、石雕、木雕、窗花一应俱全。

车陂众多祠堂中最具文物价值的是位于高地苏氏宗祠里的一块明碑"义仓碑"，刻立于明朝万历四十三年（1615），此义仓碑虽然在"文化大革命"期间受到破坏，但经村民保存至今，仍能清晰地看到碑文。碑文将当年在车陂村建立义仓以度饥荒，设立书田以供子弟读书的乡规家风列得一清二楚。同章简公祠内也有一块嵌在墙体里的清乾隆元年（1736）的宗祠祖训碑，碑文教育子孙后代考取功名、外出做官者要不忘报答祖宗培养之恩。这些先祖遗留给子孙的训导都在宗祠里保存完好，清晰可见，至今显得尤为珍贵。

村中比较有影响的有尚书王公祠、苏氏宗祠、晴川苏公祠、同章简公祠、郝氏宗祠、梁氏祠堂等数个祠堂。其中年代久远的当属尚书王公祠，始建于明朝永乐年间，是为纪念南宋大学士、兵部尚书王道夫而建，是国内为数不多以官职代替人名命名的祠堂。晴川苏公祠也是颇有影响力的一座祠堂，建于明宪宗成化年间，为纪念宋朝太尉苏绍箕（号晴川）而建。苏绍箕的祖父是大名鼎鼎的苏东坡，其父苏迨是苏东坡的次子，母亲欧阳氏为欧阳修的孙女。祖上都是名门之后，所以祠堂大门镶有对联："武功伟业参天地，眉山翰墨贯古今。"因此后人称之为"武功苏"。苏绍箕幼年时，全家为躲避元祐党祸，迁居到当时的南雄珠玑巷，苏绍箕从小学文习武，为避株连，从此以"嗣良""澂""湛然"为名取代了"箕"。苏绍箕于崇宁四年（1105）中武举，次年从军，戍守京城，后有功升任太尉。宣和二年（1120），金兵南侵时，他主张抗战，跟随康王领兵于外，在战场上屡建功勋。南宋绍兴三年（1133），苏绍箕辞官返回南雄珠玑巷，后到广州，隐居白云山一带，以"苏晴川"之名购地置产，为子孙安居置业，去世后葬于白云山摩星岭。

数百年来，苏东坡、王道夫等子孙后代一直在车陂村繁衍生息。这些来自中原、扎根车陂的几大宗族一直牢记先祖的根脉源流，不但为先祖的丰功伟绩自豪，而且以祖上之源命名本宗祠氏族的龙船会组织，如郝太原、王太原、晴川苏、范阳简、江夏黄、麦始兴等会名，均与先祖有关，可见族人心中不忘本氏族的发源、迁徙、荣誉等历史。

车陂村按原有祠堂的姓氏划分为 8 个约。八约厅位于村中心偏南、车陂涌西侧，是 8 个约的代表议事地方。8 个约村民按居住位置分成 3 个片区：四约、东岸和沙美。四约在车陂涌西边，有苏麦约、郝约、苏马约和苏梁约。四约辖下有 10 个社，分别为东阁社、布狮社、北门社、曝书里、东溪社、清溪社、双社、南社、黄泥塘东平里和西华社。东岸，指居住在车陂涌东面的简约、王约和黎约。沙美位于车陂涌西侧南端，有梁黄约。车陂四约（苏麦约、郝约、苏马约、苏梁约）、东岸（简约、王约、黎约）、沙美（梁黄约）共 3 个部分 8 个约的组成建制称呼沿用至今。

在车陂村，来自四面八方数十个姓氏的村民和睦相处，数百年间发生了许多为人称道的事：有明朝万历四十三年（1615）在车陂村苏氏宗祠建立义仓以度饥荒，后设立书田以供子弟读书之事；有清顺治十四年（1657），车陂村人简文约联络龙眼洞、棠下、黄村等十八乡的村民，在车陂万善堂（上堂庙）议事结盟，成功剿灭了天鹿湖附近的山贼，保护了家园，并受到广东巡抚、番禺知县的褒奖；有清乾隆四年（1739），棠下、车陂村民在云游和尚郝公的帮助下，建水陂拦河、灌田，从此让车陂等村民受惠至今；还有道光二十一年（1841），鸦片战争期间，包括车陂在内的 103 个乡的村民联合起来，参加三元里抗击英国侵略军之义举，当年番禺鹿步司石岗书院发出的抗英飞柬收藏在广州三元里人民抗英斗争纪念馆内；还有近代车陂村人苏廷威（1866—1939 年，字干臣），仗义疏财，和睦乡里，菩萨心肠，为车陂人在周边地区赢得美誉；抗日战争时期，车陂村民成立乡勇团阻击日军，各氏族组织村民到各处避难，躲过日本侵略军的洗劫，然后率众平安重返家园；本村一黎氏妻子日本妇女山本积极奔走，多次当面斡旋，挽救了许多本村村民；等等。可见车陂人是如何在国难家仇、大是大非前团结一致，保护建设自己家园的。

车陂涌养龙舟人

车陂村历来是广州市东部的重要村落之一，是珠村、黄村、吉山村等周边村的政治、经济中心，原来东圃镇的驻地就在车陂地区，位于车陂村的"东圃圩"在近百年来都是周边主要的生产、生活商品的集散地。正因为如此，车陂地区得天独厚的地理优势对周边的民俗文化产生深远的影响，为区域的文化融合、传播提供了重要平台，对区域文化的形成起到了不可或缺的作用。可以说，车陂"龙船景"的形成及其广泛影响源于其历史上的地域与文化的优势。

发源于龙眼洞的车陂涌养活了车陂人，滋润了车陂人。车陂60%以上的农田受益于龙溪水，还有30%靠潮水灌溉。车陂村绝大多数农田靠龙溪水自流灌溉，旱涝保收，陂泓物阜。村外，十里田园，菜绿稻飘香；村内，池塘潋滟，鱼肥六畜旺。三四十米宽的龙溪河涌，从村中间流过，两岸古榕参天，人们在河中捕鱼、捞蚬、游泳、扒船、嬉戏……

河涌不仅养育了车陂人，还赋予了车陂人喜水爱扒龙舟的特性。一河两岸环境优美，加上车陂涌有着得天独厚的地理优势，与珠江水系相连，流经村内的河段总长2.8公里，与珠江前航道汇合处的"涌口"宽达80多米，又拥有长达600多米、宽约30多米的直河道，如此优越的地理位置既方便民众扒龙船，又方便人们"睇"（粤语，看）龙船，这些都为车陂的"龙船景"从形成到兴盛带来先天优势。每年端午扒龙舟成了车陂人最盛大的民俗活动，也成为每个宗族的大事。

清乾隆年间，官方根据有龙舟的乡村的自然地域、潮汐起落的时季、可容纳船只的多寡，指定一些大村举办"龙船景"。如今的车陂龙船景就是当时番禺指定的五月初三的官景。车陂村在每年农历五月初三这天从上午10时至下午2时是潮水的高峰期，水流静止，稳定时间长，适合龙舟聚集。加之正是东圃圩期，四方乡民到此赶圩访友，因此龙船景放在这天正合适。五月初三前，车陂村向兄弟村、老表村（有同一姓氏的或有姻亲关系来往密切的村）派发龙舟柬，邀请对方前来车陂"趁景"做客。到五月初三，古时广州府下辖数县的乡村，车船齐发，共赴车陂，数十以至上百艘龙舟前来参加龙船景，堪称广州之最。车陂村人以龙会友，一河两岸围观群众达数万人之多，锣鼓声、爆竹声响彻云霄。

生活在河涌边的车陂人十分喜爱扒龙船，以此显示氏族的兴旺，亦看重以龙船会友，用扒龙船趁景、探亲等方式加强联络乡间兄弟村民、老表村民的情谊。村中各大氏族都分别拥有数条龙船，郝氏、苏氏、梁姓等宗祠都拥有百多年以上的传统龙船。

晴川苏公祠的传统龙船"东坡号"制造于1868年。那年头祠堂要新制造一条龙船可不简单：晴川苏公祠有太公田，那些年收成不错，祠堂存了些钱，但要造一条龙船，这些钱还远远不够，还需大家筹些钱，凑够好几万两银元；有资金了，还要去找上等木，再找好的造船工匠。那年头哪有什么造船厂？要造好新龙船和为了省事，好多事情要祠堂的龙船会亲力亲为。他们好不容易找了条巨大的上等铁楸木，得知邻近的潭村、珠村也要造龙船，于是与他们合伙买下，将木材一开三件，用来制造三条长38米的传统龙船。造船的工场就设在车陂涌旁的一块田头上，来自番禺上漖村的造船师傅就扎营在车陂村，每天日出而作，日落而息，吃饭就由村民每家每户轮流请到家中。村民将龙船奉作神明，因此对造船师傅也会当作上宾对待，每天有肉有酒招待。龙船落成进水后要举行重大的庆贺仪式，车陂的兄弟村棠东村特地送了来一支3米长的大艄前来祝贺，该龙船及其大艄保留至今。那年头，车陂还有郝氏宗祠的"乌龙公"，沙美梁的百年红龙"产月（灿月）"，清溪双社的"白尾雕"等，都是那一带出名的龙船。

车陂的龙船是出名多的，车陂的龙船故事、民谣也在广府地区到处流传。从前还有一个让车陂人引以为豪的"九龙去，十龙归"的传奇故事让人津津乐道。这是说来有上百年的事，那时的车陂村人丁兴旺，生活富裕，有一首歌谣是这样描述当年的车陂："车陂又有龙船又有戏，又有蚬沙省（擦）大髀，又有蚬汤浸饭微，又有牛骨煲大薯，有女吾嫁车陂等几时。"那时的车陂村龙船也比别村多。话说在清末民初的有一年，五月初二车陂有九条龙船出"海"探亲趁景，而邻乡黄村只有一条龙船，回来时错过了潮汐，加上河涌水浅，九曲十八弯的，黄村的龙船回不去，想到第二天五月初三是车陂的趁景日，于是便干脆和车陂的九条龙船一起回到车陂村。民众一看就乐了，于是民间就流传了"九龙去，十龙归"的故事。这故事与有些村传说的版本不同，但故事所讲到的车陂不是顺手牵羊拉来黄村的龙船，黄村是自愿加入车陂龙船大家庭的。

在现今车陂自费筹建的龙舟文化展览馆内，保存了郝氏宗祠的百多年"侯王鼓"等 700 余件龙舟用具及相关物品，都是车陂数百年龙舟文化的实物遗存。其中已有 150 余年历史的龙船"东坡号"，是车陂村以至广州地区保存最好的百年老龙舟之一，至今仍能用于划龙舟表演。族人划着"东坡号"还曾获得 2016 年、2017 年、2019 年广州国际龙舟邀请赛彩龙竞艳赛一等奖。

车陂村的龙船远近闻名，早在民国时期，就积极参加广州地区的龙舟比赛。1927 年的端午节是当年的 6 月 4 日，第二天的《民国日报》以"端阳节日竞渡之热闹"为题报道了当年广州人划龙舟的盛况。番禺县举办龙舟比赛的地点是"东山水上游乐会"。报道说，在比赛前一个多月，主办方就到周边的各个村邀请各村参加，车陂村也在受邀之列，并得到了乡民的赞许，参加了这次龙舟竞赛。

20 世纪六七十年代，由于政治运动所及，车陂村与全国其他地方一样，停止扒龙船达 30 年，有的祠堂只好把龙船卖了。直到中共十一届三中全会实行改革开放后，车陂龙舟迎来了新的生机。1978年后，车陂村重新恢复扒龙船。村民的热情高涨，积极参与。那时全村只有几条龙船，不少村民为了能扒到龙船，天未亮就去霸船位、争船桡。当时还是"学生哥"的郝善楚回忆道："以前郝氏族龙船队只有一条龙船，僧多粥少，大家要争着去扒。但一共只有60支桡，抢到龙船桡才有机会上去扒龙船。所以竞争一大早就在岸上开始了。"为了能扒到龙船，他常常天未亮就起床出门，去船上占着位置，等着龙船桡从祠堂运出来，直到自己拿到船桡，心才安乐，想着可以参与扒龙船是件多么幸运的事。像郝善楚当年这样的经历，已成了现今车陂的中老年人的集体记忆，人们是多么珍惜扒龙船的机会。此后过了没几年，各大宗祠就陆续新做龙船了。

1987年端午节起，车陂村在每年的农历四月二十九或五月初一，都会举办"车陂杯"龙舟竞赛，此成为村民的一大盛事。本村各姓祠堂均派出龙舟在车陂河涌赛龙夺锦，至今"车陂杯"已经举办了30多年。龙舟赛最具本土特色的"回龙"，即是在扒完300米河道后夺标旗，再马上折回赛龙，争到第一才算胜利。这个关键环节很考验每条龙船及船上那六七十个扒手的默契度，极具挑战性。

龙船会友护生态

改革开放后的这三四十年，车陂村的经济发展迅速，村民生活富裕，当地的龙舟文化发展兴旺，村中的12个宗祠龙船会几乎每年都有新造的龙船。清溪双社（苏马社）于2020年由众人筹资，重新用铁楸木做一条传统龙船"白尾雕"，以传承百多年历史。新的龙船全长39.88米，比以前的传统龙船长，寓意要越做越长，越来越旺。

据不完全统计，车陂村现有长 40 米左右的传统龙船 56 条，拥有大小龙舟超过 80 条，且龙舟形制齐全，有长龙短龙、彩龙乌龙等，龙舟制作材质多样，有坤甸木、铁楸木、杉木等，形式多样。村里的人自豪地说，如果以村为单位的话，车陂是广州以至广东，甚至全国自然村拥有最多龙船的乡村。

车陂扒龙船的传承与发展是以各姓氏族群为组织单位，体现了传统宗祠文化在现代的积极作用。车陂村的九大姓氏宗祠组成 12 个龙船会（郝太原、江夏黄、范阳简、东平梁、沙美梁、江头黎、双社、麦始兴、高地苏、武功苏、王太原、车陂新涌口），分别由村民选举德高望重的父老和带头人组织集资、管理会务、组织扒龙船活动。龙舟竞渡是车陂村扒龙舟的传统。自 1987 年开始，"车陂杯"龙舟赛由 12 个龙船会派出传统龙船参与，体现了车陂村团结奋进的精神。各氏族龙船会积极组织本氏族民众参与村里的以及广府地区的各种龙舟赛事，极大增强了民众的凝聚力，也为本村及本族群争得各种荣誉。

发展到现在，车陂村提出了"一水同舟"的保护理念，不仅保护文化，更保护文化相关的环境。通过大力治理河涌，弘扬龙舟民俗文化，加强本土和来穗人员的交流，推动整体性保护，促进城市化进程中的乡村振兴和社区自治，并将龙舟文化传播到大湾区和海内外。

现在，每年五月初三的车陂龙船景日，是车陂村人最盛大的民俗节庆。河涌两岸鞭炮声、锣鼓声、喧闹声响彻云霄，吸引周边"七里八乡"10 多万民众到车陂一河两岸，观看这一盛大的百年龙船景——车陂景。一两百艘来自各村的龙船从四乡来到车陂村"趁景"，拜访探亲，其热闹堪称广州之最，坊间素有"未踏车陂龙船地，莫提睇过龙船景"的美誉。当天，车陂村人以龙会友，热情欢迎来自各兄弟村、老表乡的乡亲。各大姓氏祠堂筵开数十至上百席，一再见证了车陂人的热情好客。

苏氏后人冯志文特地撰写《车陂龙舟赋》，道出车陂龙舟的前世今生。车陂人将这首赋刻在车陂涌每年赛龙舟的起始点、龙溪桥旁的墙壁上，让新老村民都能欣赏到这首饱含对车陂无限热爱的龙舟赋：

> 千年古村，彰南国粤韵之嘉风，十里名埠，传广府文脉之新声。揽云山锦绣，聆珠水涛鸣，望南海归帆，扼省港形胜。番禺都会，百越楚亭，永泰新迁，鹿步旧政。遥望车陂乡，锦绣画图长；老榕葱葱，闾巷深深，井泉处处，古韵悠悠，画意天然，田园丹青。一脉珠玑，众枝五岭，自成八约，世家九姓。城乡秀美，河晏水清，兴市拓城，村藏城中，热土一方，喧闹门庭。曾记否：尚书道夫，力拒蒙骑骄逞，洗马东圃，犹见刀剑辉映。苏子豪迈，唱和武将文星；碑镌义仓，共济乡邻窘境；万善结盟，剿灭山匪贼丁。郝公和尚，筑坝陂头留美名；状元梁氏，麻石通衢走启明。菩萨延威，和睦万人犹传唱；百乡飞槳，相结义盟齐抗英。侯王神诞，报梦恩主验应；英彦仁让，智救桑梓百姓；乞巧中元，咫尺工匠贵精。有道是：天赐福地，毓秀藏灵，南北世泽绵，祖辈家风正。绵绵不息，龙溪血脉世代承，家家传颂，车陂龙舟童谣声。
>
> 车陂龙舟，年年仲夏斗水乡，铜锣大鼓，传华胄之国粹，起民族之大风；百艘仓虬，岁岁端阳闹社坛，金猪美酒，品民俗之淳美，得乡规之乐融。溯穆天屈子相沿而后，华夏赛龙，源明清民国以迄于今，龙溪争锋。出征国际赛，

誉满省城东。百代竞渡文化鼎盛，千家祖传仁义孝忠。时近五月节，吉时又相逢，红棉映蓝天，清池观起龙。采青点睛我家庙，翰墨飞束众亲宗。百村趁景，四乡老兄喜迎送，粤海传奇，东坡穗城第一龙。结谊九大簋，赛龙车陂涌，酥饼敬亲朋，香粽寓浓情。趁景不计胜负，斗标要论输赢。眼观龙船花开，耳闻锣鼓锵咚。艨艟若阵，彩船雕彤，十里堤岸，万人簇拥，绿女红男，摩肩接踵。四海宾客荟萃，本地壮士聚兵。草青花艳，水暖天净，兰舟催发，号炮发令，百舸争流，威猛出征。扬旗三道桥，回龙沙美段，水荡金桨挥舞，浪激轻舟凌空。君不见：伞盖高悬，黄旗飘迎，桡手劈波，牛斗气冲，群雄逐鹿争出众；炮响烟浓，石破天恐，金鸣鼓响，贯穿长虹，金戈铁马任驰骋。帆来似飞，蛟穿浪丛，满江欢波，两岸雷动。勇冠车陂涌，夺标过江龙。高歌得胜，乡人称颂。看今日，对手逢，望来年，有喜惊；祈愿风调雨顺，永葆安宁，相约虎斗龙争，再显神勇。

龙舟妙韵，乃同舟共济，勇者无畏，一路风雨兼程，砥砺奋进，方显男儿真容；车陂精神，系良风雅俗，仁者有爱，历经沧桑变迁，守望相助，尽露好汉襟胸。船行江海，哪管波翻浪涌，人踏征途，何惧凄雨冷风。月夜静，云山珠水凭栏处，有谁共鸣；曜日闹，赛龙夺锦激越时，唯我称雄！

（冯志文撰于2018年端午节）

宗族龙船有故事

郝太原的百年乌龙留下的"侯王鼓"，距今有150多年

摆放在车陂村晴川苏公祠的"东坡号"龙舟旗帜

龙船头

"东坡号"龙头

乌龙公

王太原的桨是绿色的

沙美梁的"灿月"龙头

简氏风水塘

清溪双社的"白尾雕"船头船尾

宗祠与龙船会、龙船头

　　车陂人生活在龙溪（车陂涌）两岸，河涌养育了车陂人，赋予了车陂人喜水爱扒龙舟的特性，每年端午扒龙舟成了车陂盛大的民俗活动，也成为每个宗族的一件大事。车陂的龙舟民俗文化基本以宗族为单位展开，民俗文化的传承和宗族间的维系很大程度上是因为氏族的血脉相传，而车陂各大姓氏宗祠是承载各氏族龙船文化的活动中心。由宗祠衍生的龙船会则负责管理龙船文化事务、组织具体工作。正是有了宗祠和龙船会的作用，车陂的龙船文化才得以传承和发展。

　　中国人的家族观念自古以来根深蒂固，一个村落里往往生活着一个或者几个姓氏家族，他们在依山傍水之处寻找风水宝地，建立本族群的家庙以祭祀祖先，这种家庙一般被称作"祠堂"。《汉书·文翁传》有"祠堂"一词："文翁修于蜀，吏民为立祠堂。"南宋朱熹《家礼》立祠堂之制，从此称家庙为祠堂。在文化层面上讲，祠堂既有祭祀的功能，也有端正教化和延续风俗的作用，承载着族人的精神归属感和价值认同感。但凡族里重大活动或重要节日庆典，都会在祠堂举办，很自然地，祠堂也就成为族群里竞相展示风采的场所。车陂村的各个姓氏宗族是旧时车陂村最传统、最重要的一种社会组织，车陂的祠堂记载着其宗族兴衰荣辱的历史，见证着各个宗族一代代族人的血脉传承。

数个不同氏族共处车陂村，长期以来必须整合形成共同的村落意识，而扒龙船就是实现这种基于宗族的村落认同的有效方式。一直以来，龙舟文化的积淀对车陂村的稳定发展具有重要作用，对良好民风的形成有很大的推动作用。

特别是改革开放后这三四十年，车陂扒龙船并非只是单纯的民间竞技，而且是联结宗族文化、情感、信仰的纽带，促进传统文化在现代的传承与发展。车陂村依托宗祠族群组建的12个龙船会，发挥着重要职能，负责保存龙舟道具，内部集资，组织本族人参与扒龙舟等传统民俗活动，并组织龙舟队伍训练，赛事安排等。这12个由各姓氏宗祠衍生而来的龙船会共同维持着车陂村龙舟文化的传承。他们在龙舟赛中团结奋进，为族争光；在"游龙探亲"活动中延续传统，凝聚感情，使优秀的传统文化得以弘扬。

龙舟赛每年活动所需的经费都是由宗族内部集资解决，如探亲访友、组织竞赛、大摆龙船饭，以及龙舟的保养、装饰等均需要大量的人力和物力，要有一笔不少的花销。这笔花销从何而来？怎样管理和开支？这些事务就交由各宗祠的龙船会。

龙船会由车陂村的各姓氏宗祠组成。以各姓氏族群为组织单位，由各姓氏族群选举德高望重的父老和带头人参与管理龙船节组织的活动。活动要筹集经费，资金来源主要有几种：第一种是"太公田"支出。有些氏族宗亲有祖存公田，此是"太公田"，是祖上给祠堂留下的家业，"太公田"的收入多用于教育助学及扒龙船。现在"太公田"没有了，但有些祠堂也有收入，如所属商铺、物业出租收入等。第二种是众宗亲的赞助。龙船节是一个万众喜庆的节日，民众十分乐意参与，每户人家随缘乐助，就是小孩也可以出一份钱。孩子没有收入，多由父亲以孩子的名义捐出赞助金，希望能够保佑自己的子女来年顺顺利利。龙船会将每户赞助的金额，用红纸一一写上，贴在祠堂大门，昭告宗亲。总之有钱出钱、有力出力，甚至是已经定居在港澳地区的同族宗亲，也会在节前捐一些钱参与这个活动。

龙船会还有一种筹措活动经费的方法——投标，即投龙船标。这是车陂乃至广州周边地区村庄在端午龙舟节期间的一个习俗。龙船起水、采青后，龙船会就开始对龙船上各个重要位置进行投标。打头旗、打锣、掌神斗、烧鞭炮，甚至"扒仔"（扒龙船的桡手）等不同位置都可以投标，龙船探访的时间与地点不同，投标的价格就不同。比如明天龙船"扒"出广州，够"威"，投标就比平常热闹许多。一人投5000元，另一人投6000元，又一人投8000元等，大家争着投，出价最多的就胜出，该位置就由他负责。但是鼓手一般不投标，而是指定的。投标竞拍是筹集资金的一种方式，大家争相叫价，"八千""一万""一万二"……此起彼伏的竞价声在大祠堂中回荡。有人就投罗伞位，以12000元的高价"尘埃落定"。这些投标得来的款项由该宗祠龙船会监督管理，用于每年龙船的修理、保养、招景、趁景、探亲、比赛等。龙船节的活动中，吃龙船饭也需要一笔不少的开支，仅一个祠堂就须摆上百桌左右，每桌四五百元，一堂百桌的龙船饭要花好几万元，还要给亲朋好友派龙船饼等。总之大大小小的开支算下来，举办一次龙船节，每个宗祠需要花费二三十万元不等，除了村委会支持的部分资金，其余的开支由每个宗祠拉赞助或从本会的基金中支出。

每个宗祠龙船会都有个理事会，由氏族各坊派代表参与，由德高望重的父老组成。以前，扒龙船不时会出现村与村的械斗，船与船之间的打架争拗。清番禺蔡蕙清的《龙船会》就写到：

广州端阳节，民间喜竞渡，甚者敛财，为龙船会致械斗，构诉讼祸无穷而莫知悛改，作用此刺之：龙船会赛龙船，三三五五恶少年，鸣锣击鼓横戈铤，旌旗耀日趋江天。隔江龙船突飞至，斗捷争强邀一试。羞败公然起杀机，敢道而翁刀不利。横尸溅血江水寒，明朝捉人来县官。吏黠如狐役如虎，木龙不识横相干，更遇盲风骤雨时，全军覆没家家悲。里正签钱船再买，年年新鬼又相随。[1]

可见，龙船会还要有个好的龙船头，要组织好一班族人扒好龙船，与其他龙船会和睦相处，将整个龙船节所有的事务安排好、协调好，从采青用的龙眼叶、柏枝等拜神用品，到龙船节的整个资金筹措及开支等，事无巨细，都要考虑周到。龙船头责任重大，不够权威、缺乏协调能力的人承担该职就容易出事。在车陂12个龙船会中，由于相当部分宗祠的地域环境所属同一经济社（即原来的"坊"，后来的"生产队"），本宗族人员也是本经济社人员，为方便管理与协调，人们就选举所在经济社负责人担任本宗祠龙船会的龙船头，以便做好组织、安全、协调及物资调配等工作。简氏宗祠的简应时，原是所在经济社社长，他当了10年范阳简龙船会的龙船头，后虽因年龄大退下来，但仍热心协助龙船会的一些事务。高地苏宗祠的苏卓荣是第一经济社社长，做了20多年龙船头，是个好管家，管理事无巨细，连吃龙船饭要烧的柴都准备得妥妥当当的。也有的龙船头不是经济社的领头人，是氏族中德高望重之人，如清溪双社的苏文洽，做龙船头长达30年，

---

① 〔清〕蔡蕙清撰：《挹瓮斋诗草》三卷，载陈建华、曹淳亮主编：《广州大典》第454册，广州出版社2015年版，第123页。

他想要退下来，但族人还想他继续干下去。也有好些老人退下来后仍经常回祠堂协助龙船会工作，麦氏宗祠的麦娲苗老人就是如此，退下来后仍继续支持龙船会工作，还要他儿子每年赞助扒龙船经费10万元。如今，不少龙船会多由中青年人负责，如沙美梁、东平梁龙船会等年轻的龙船会负责人，他们都与老一辈的龙船头和睦相处，有事大家商量决策。

各姓氏祠堂既是车陂各氏族的精神家园，又是每个姓氏龙船会的依托，龙舟文化与祠堂文化相互融合，为车陂龙舟文化的传承奠定了丰厚的根基，为龙舟传统文化的持续发展保驾护航，这是车陂龙舟文化的最大特色，车陂九大姓氏12个龙船会成为车陂龙舟文化的强有力组织者与传承者。

"郝太原"的百年"侯王鼓"

车陂扒龙船活动历经数百年，其间产生了许多故事，郝太原龙船会的"侯王鼓"就是其中知名的一个。郝氏是车陂一大姓氏，源自山西太原，简称"郝太原"，旗下的龙船会也称为"郝太原龙船会"。郝姓在村中人数众多，有1700多人。祠堂也多，有郝氏宗祠、松寿郝公祠、梅友郝公祠、仑峰郝公祠、位安郝公祠等5个祠堂，都是同宗同源。郝氏先祖是南宋时从中原迁入车陂的。

据郝氏族谱及碑文记载，南宋时战乱发生，外族入侵中原，南宋官兵节节败退。身受皇恩的郝世荣兄弟三人，为保卫宋室江山，泣拜辞爹娘，挥泪别故乡，护卫宋皇室随师南下。宋军且战且退，经广东南雄珠玑巷，辗转到广东新会崖门。在前无去路的情况下，宰相陆秀夫背着幼主赴海殉难，部分将士死里逃生，散落民间。这时郝世荣兄弟三人散失。在新会，为了躲避元兵搜捕，郝世荣独宿侯王庙。夜里梦见侯王对他说："你应赶快逃走，不然大祸降临。案前有香木，可抱之渡江。"郝世荣惊醒后十分惶恐，即依神命，抱着香木过江。郝世荣渡江后，看到对岸乱兵入庙搜索。他庆幸脱离险境，为感谢神报梦之恩和怀念远在中原的双亲之情，郝世荣将父母的袍褂和救其一命的香木携带在身，继续攀山涉水，浪迹江湖，寻找容身之所，历尽艰辛。他先在葱菜园（今广州东山）居住，为报答神恩，将香木绘制成神像奉祀，为尽孝道，将父母的袍褂合葬于葱菜园。后迁到龙溪定居。①

郝氏族群居住在车陂已有 700 多年，至今传有 27 代子孙，在车陂居住的有 1700 多人。明嘉靖年间，郝氏族人在车陂有很大发展，人口数量也大为增加。在此时期，郝氏族人在车陂村北（即今中山大道北侧）建一座占地 10 亩，建筑面积 1560 平方米的宗祠，是为纪念始祖从山西迁来而建，并以"太原"为郡望名。在建祠的同时，族人还建侯王庙于祠南侧，以便供奉。此后，郝氏后人各家各户都在厅堂的众神位中摆放"大德恩主灵位侯王"的神位。

郝氏宗族拥有第一条龙船时，就将侯王请进神斗，并在龙船鼓两侧写上"龙溪·侯王"。可见，龙船是祠堂的精神图腾，而龙船的故事也包含着氏族先祖迁徙的传说。

车陂郝氏在清代就有扒龙舟习俗，信仰的就是"侯王"。郝太原有一条传统龙船"乌龙公"，说来有 150 多年历史，是用铁楸木制成。现在其去向有多种说法，大多数说法是被当时的生产队卖了，也有一说法是一直藏在河涌（西华涌）多年。到 20 世纪 80 年代，人们想将其起出，几经寻找不果，"乌龙公"不知所踪。后来祠堂经济发展起来，村民都富裕了，人们干脆重新订造新船。

① 广州市天河区车陂村民委员会编：《车陂村志》，中华书局 2003 年版，第 31 页。

郝太原"乌龙公"留下来的就是那只布满历史痕迹的"侯王鼓"，一直摆放在郝氏宗祠大堂，鼓上写的"龙溪·侯王"四字清晰依旧。此鼓于 2015 年 10 月至 11 月"广府文化周"期间，从车陂被运到文化公园的"龙舟文化展览"中展示，不少人争相与之合影。后来车陂村"一水同舟"龙舟文化展览馆将其征集，作为文物摆放在展览馆中，成为镇馆之宝。

自 20 世纪 80 年代初恢复扒龙船以来，郝太原的传统龙船增至现有的 7 条。郝太原龙船会曾经于 1996 年、1997 年、1998 年连续三年在"车陂杯"赛事中荣获冠军，获"三年冠"称号。他们能取得如此优异成绩，与族人间的团结很有关系。龙船会负责人是由各房族人选派代表组成龙船理事会再从中选出的。郝太原的领头人是郝垣旺。郝垣旺还是天河区非遗代表性项目龙形拳的传承人，平日工作琐碎繁忙，幸好有众多兄弟帮忙管理龙船会的事务。特别是曾在村委会工作多年的理事郝善楚，近十多年来，不但为郝氏祠堂文化，更为车陂村龙舟文化的发展尽心尽力。

"武功苏"的著名"东坡号"

苏氏在车陂是大姓，在车陂有"三苏"，俗称武功苏（晴川苏）、隆兴苏、高地苏。宗祠按其宗族房系分属为三个谱系：一是苏晴川族系的晴川苏公祠、福胙苏公祠、子和苏公祠、伯李苏公祠、仕章苏公祠；二是苏隆兴族系的隆兴苏公祠；三是苏鹿泉族系的鹿泉苏（苏氏宗祠）公祠。车陂村民称武功苏、隆兴苏、高地苏三个苏氏祠堂的族群为车陂"三苏公"。车陂的"三苏"同姓，源自不同房族，清明及重阳祭祖，是各拜各自的先祖。该氏族都有共同爱好，都喜欢扒龙船，他们的祠堂祖先牌位旁侧都摆放着该宗祠的龙船头、龙船尾及各种龙船用具，宗祠醒目处都摆着他们参与龙舟赛中获得的锦旗。端午期间，族人都一起在车陂河涌上招景、趁景、赛龙、夺标，再分别招呼来自周边乡村的兄弟、老表，然后各自扒龙船去探访亲友。说起车陂的传统龙船，其中最为著名的就是武功苏（晴川苏）的"东坡号"，说来还有段古。

"东坡号"原名"乌龙公"，清同治七年（1868）制造，玄黑色的船身，长38米，宽度1.15米，掌舵的大艄有3米长，十分厚重。"东坡号"之所以远近闻名，一是其船龄长；二是其船身宽阔；三是木质坚厚，由铁楸木打造，行起船来四平八稳，承载人数多达86人。在150多年前的车陂村，能打造这样一条价值不菲的传统长龙船，实属不易。晴川苏的后人对此十分敬佩与感恩，百多年前的先人新做一条龙船，首先想到是要确保行船安全，经得起风浪，确保后人的安康，而先人的此份初心经历150多年后，成就了一笔厚实丰盛的物质与非物质文化遗产。

事实上，武功苏的这条乌龙公"东坡号"历经100多年沧桑，经多次修葺，现仍保存完好，是车陂乃至广州地区保存最好的百年老龙舟之一，至今仍能走出珠江河，参与端午扒龙舟活动，参与游龙趁景，进行表演、参赛。这样既可以增进与兄弟村的感情交流，显示本氏族实力，也彰显了传统乡村的龙舟文化价值。

进入21世纪，"乌龙公"更名为"东坡号"，更加威震八方，多次参加广州市政府举办的广州国际龙舟邀请赛彩龙竞艳赛，并多次获奖，成为广府地区令人瞩目的百年老龙船。其更名的原因，有其与苏轼（东坡）后人的一段故事。

据晴川苏公祠族史载，始祖苏绍箕又名苏箕、苏嗣良、苏澂、苏湛然、苏晴川，是北宋名士苏东坡之孙，官至太尉。宋元祐三年（1088）出生，其时父亲苏迨18岁，祖父苏轼51岁。苏绍箕的母亲生下箕、筌、筹三兄弟后，于宋元祐八年（1093）去世，苏轼伤心地写了《祭迨妇欧阳氏文》。同年苏轼连降三级，连贬三次，后贬到惠州。临行前亲自叮嘱箕、筌、筹三个孙子到南雄珠玑巷隐居。建中靖国元年（1101），苏轼临终前嘱咐苏辙写墓志铭，将箕、筌、筹之名写在墓志上，立石永记，以防湮灭。①

　　苏绍箕在南雄珠玑巷学文习武，从此取名嗣良、澂、湛然代替了箕。崇宁四年（1105）中武举，崇宁五年（1106）从军，不久便升任迪功郎。宣和年间（1119—1125），经八次升迁，升任太尉，跟随高宗赵构。绍兴三年（1133），苏绍箕回南雄珠玑巷养病，随后又遇兵乱。苏绍箕同富商、绅士、官员等携眷南下广州，择地于大塘街定居。后以苏晴川的名义在南海碧江购置田产并安排长子世矩居碧江守业，次子世度在广州袭荫宣义郎。绍兴十二年（1142），苏绍箕隐居白云山，建月溪寺，并置田十顷为庙产。后夫人余氏在碧江病逝，葬于席帽山舒氏夫人墓侧。其间，苏绍箕又向番禺府买地三百亩，为子孙墓葬地。绍兴十九年（1149），苏绍箕卒于白云山月溪寺（今白云山风景区山庄旅舍），他在白云山所立的墓碑称"公为南雄沙水镇珠玑巷人，公之先世系无考，公生宋神宗熙宁三年"。碑文没有表明其真实身份，碑文的出生年份也有疑。苏绍箕原是为避奸邪迫害才隐居多年，公众并不知道他就是苏轼的孙儿，就连后来的《苏姓名人传》也忽略了苏绍箕。这引起广州市车陂村及苏迨后裔的重视。车陂村退休老教师苏进泉是个有心人，他花大力气研究了苏氏家族有关资料，于2003年4月3日写出"关于苏绍箕是苏东坡之孙的有关说明"，将苏绍箕改名、隐居多年的来龙去脉说得一清二楚。②

---

① 广州市天河区车陂村民委员会编：《车陂村志》，中华书局2003年版，第34页。
② 广州市天河区车陂村民委员会编：《车陂村志》，中华书局2003年版，第36页。

苏绍箕来到广州后，迅速完成买田、改名、安置儿子的事情，就上白云山隐居，完全是为了避免那些奸邪、恶势力的麻烦，因而死后的墓碑也不能暴露出其与苏东坡有任何关系。只有这样，他的子孙才能够有保存和发展的机会。所以顺德碧江、广州车陂，对外自称武功(苏)。①事实上，苏绍箕的后裔是有依据的，车陂《苏姓族谱》始写于南宋绍兴三十一年（1161），如是代代相续。明天顺六年（1462），为纪念开村先祖晴川公，村民在车陂村建立了晴川苏公祠，祠堂大门镶着的对联"武功伟业参天地，眉山翰墨贯古今"，展示了其氏族的来龙去脉。晴川苏子孙在广州车陂落地生根，枝繁叶茂，至今已传有 27 代子孙，车陂本族的男丁有 900 多人，晴川苏已成为车陂村的旺族之一。

年已古稀的苏进泉还亲自率宗亲赴四川眉山三苏祠拜祖，寻亲祭祖，得到苏轼宗亲的认可，引起两地新闻媒体的关注。《羊城晚报》派记者对车陂寻亲团追踪报道，并于 2003 年 9 月 30 日、10 月 1 日在《焦点新闻》栏目中连续发表了《九百年寻根圆梦，三苏祠里兄弟会》的详细报道。2005 年 8 月 25 日《巴蜀新闻》发表独家新闻《九百年魂牵梦萦，万里路跋山涉水，苏轼 24 世孙认祖归宗》等长篇报道。在苏进泉和其他晴川苏公祠理事的努力下，广州市文化局于 2003 年 4 月 21 日作了《关于恢复白云山苏晴川墓前石栏杆等工程复函》，同意恢复苏晴川墓正前方的石栏杆、镶嵌明代墓志铭碑以及安装石狮子垫座。苏进泉于癸未孟秋以"二十二传裔孙进泉"的身份敬撰《宋太尉苏公墓志铭》。2008 年 12 月，苏箕墓被公布为第七批广州市文物保护单位。

---

① 广州市天河区车陂村民委员会编：《车陂村志》，中华书局 2003 年版，第 68 页。

清同治七年（1868），晴川公的21世继字辈和世字辈的子孙商议，在车陂打造一条足够大、足够气势的传统龙舟。一条百年老龙舟久远的出世年份能记载得如此清晰，在乡村并不多见。"东坡号"的历史，据苏氏后人苏年忠回忆，1868年正是他爷爷的出生年份，当年祠堂要重新制作龙船，便选用了一条大铁楸木做了两条船，一条是此车陂晴川苏的"乌龙公"，一条是珠村的"乌龙公"，两条都是"乌龙"。当年造船师傅就在车陂涌旁边的一块空地上制作。那年代没有造船厂，是由村里派人去番禺上漖一带请来知名的造船工匠，然后就在车陂村找个合适的近河涌的地方搭个工场来造龙船。因此晴川苏"乌龙公"的制作时间村民是清楚的：1868年，地点就在车陂涌旁。

在100多年前，制造一条长达38米的传统龙船，在广府地区也不多见，"乌龙公"算得上真正意义上的大船，在风高浪急的江河上行走也十分平稳。每年端午节这条"乌龙公"承载着80多名晴川苏族人游出涌口到兄弟村探亲与趁景，真是威风八面，十分引人注目，显示出晴川苏宗族的人丁兴旺。旧时没有运输船，出大江大河扒龙船一扒就两三个小时，风险很大，沉船翻船的事也常有发生。晴川苏公祠前辈早就想到了为子孙保平安，所以他们要求造的龙船船体必须结实、厚重，这样在江河上行驶才能平稳，保证安全。100多年后"乌龙公"仍能行驶的事实证明，前人的预见是有大智慧的，这艘能装载80多人的"乌龙公"做到了安全性能第一，在大河中行驶平稳，护佑了子孙后代的生命安全。但任何事物都有两面性，船身厚重带来的另一面就是速度缓慢，由于扒得慢，参加龙船竞渡比赛就难拿奖，因此有村民戏称其为"大白屎"（意思为就只有"大"，扒起来不快；"屎"，粤语寓意战绩不佳）。其实，历史上传统的端午龙舟赛场的焦点不仅有速度的比拼，还有群龙争相竞艳，为龙舟竞渡增添许多乐趣。

到了 20 世纪八九十年代初，改革开放的春风吹到车陂村，沉寂多年的祠堂文化与龙舟文化又活跃起来了。"乌龙公"是车陂村最早起龙趁景的。进入 21 世纪，广州国际龙舟邀请赛遵循传统文化，增添一项彩龙竞艳赛，邀请天河区的车陂村晴川苏公祠派龙船参加。

当晴川苏的"乌龙公"受邀代表天河区参加每年一届的广州国际龙舟邀请赛时，苏进泉提议，苏东坡与车陂关系密切，作为苏东坡的后人，何不将该龙船改称为"东坡号"？此建议得到族人的赞同。于是，"东坡号"的旗号就在广州国际龙舟邀请赛中挂出来，从此"东坡号"越叫越响。每年端午节"东坡号"老龙船驶出车陂，在广州的珠江河面参加广州国际龙舟邀请赛的"彩龙竞艳赛"，这艘百年老龙船发挥了强大优势，因船身宽阔，四平八稳，更有利于装扮上各种主题饰板，让广州市民一睹这艘有百年历史的传统龙船"东坡号"的风采。

"尚书王"的龙船饭不食河海鲜

车陂"王太原"系名门望族，王氏祖籍为山西太原，在江浙一带居住至宋末已有四五代之久。据车陂王姓氏族世代流传和现存资料记载，大学士兼兵部尚书王道夫于南宋祥兴二年随帝赵昺蹈海殉国后，其遗长子返居车陂村（永泰乡），次子寿孙居番禺玉棠村。定居后，子孙昌盛。在车陂村的后人团结友爱，尊老爱幼传代至今。王道夫裔孙龙溪为村民做了很多好事，在村里有影响力，后人为纪念他，将流经村中心的车陂河涌命名为"龙溪"，车陂也因此称为龙溪村。王道夫的后代在车陂村（永泰乡）安居至今已有 700 多年。至 2020 年有 28 代传孙。王氏族人在本村约有 800 多人。为纪念王道夫而建的尚书王公祠于 2009 年被列为天河区第一批文物保护单位。

王太原龙船会依托于知名度较高的尚书王公祠之下，现有传统龙船 2 条。车陂王氏族人基本都属第十五经济社，因此该经济社社长也兼任该龙船会会长，现任会长是王锦坤，由他负责组织龙船会的主要活动，日常的杂务与祠堂事务由一班热心的父老打理，他们是王伟仔、王土坤、王智广、王汉标、王少禧等人。

王氏父老们尽职尽责，将三进祠堂收拾得非常干净整洁。祠堂大堂左侧放有一排绿色与原木色的龙船桨，右侧摆上三只龙头。旁边的墙柜摆放着数个在车陂龙船竞赛中获得的锦旗与奖杯，其中最"威水"的一只是 2018 年广州国际龙舟邀请赛中的传统龙竞赛亚军的奖杯。大堂下侧收藏着数只陈年的龙船鼓，由于年代久远，扎鼓皮的竹篾有些断裂，漆面剥落，鼓皮破损，翻看鼓身，是用一棵大树树身的原木挖空而成，里面还装有弹簧，让鼓声共鸣传远。问起此鼓出自哪个年代，七八十岁的父老们都不清楚，只说他们从小就看见过这些旧鼓。几只大鼓的鼓身分别写着"车陂·王太原"和"龙溪·王太原"，有只直径为五六十厘米的大鼓上赫然写着"东海·王太原"。

从祠堂的几只旧龙舟鼓可了解到车陂王太原的民俗信仰，车陂涌曾名"龙溪"，是源自纪念王太原族人的先祖王龙溪之说，现车陂众多龙船鼓身上都写有"龙溪"，王太原的旧鼓鼓身上写着"东海·王太原"，说明其民间信仰是东海龙王。

新中国成立前，车陂有大小庙宇十多座：华光庙、涌口庙、魁星庙、文昌阁、东海庙、上堂庙、回龙庙、侯王庙、三娘庙、玉田庙等。端午时节，邻近各村来车陂探访的龙舟进入车陂涌，途经沿涌而建的涌口庙、华光庙、魁星庙、文昌阁、东海庙时，站在龙舟上挥旗掌舵的乡亲们，都要朝着庙宇方向拱手作揖，并擂鼓鸣锣"回龙"（龙舟往回划）两次，以示敬意。[①]

以前，王氏族人会在农历正月十五日至二月初二这段时间举办庙会，将东海龙王"行宫"抬出东海庙进行游神活动。而且在每年端午扒龙船前一定要去东海庙拜祭东海龙王圣君神像，并请"神斗"上龙船以护佑龙船平安。20世纪60年代"四清"运动时将村里的庙宇都拆掉了，神像也毁了，王太原族人将供奉东海龙王的玉石香炉拿出放在祠堂内保存安放。后来龙船上供奉的"神斗"仍然是东海龙王，神台则用一张红纸写上"神"字。

龙舟节吃龙船饭，王太原与其他氏族龙船会一样都喜欢在本祠堂摆上数百桌招待四方兄弟与乡亲，但是王太原祠堂的龙船饭有条禁忌，就是不食河海鲜。直到现在，王太原龙船会每年端午在祠堂摆的龙船饭，依然没有鱼、虾等河海鲜，一是因为他们供奉的是东海龙王，二是先祖王道夫是蹈海捐躯殉国的。所以他们一直保留着端午节期间一律不食河海鲜的传统。

"沙美梁"的"红龙"传奇

车陂梁氏有两个宗族，一是梁惇裕堂氏族，二是东平梁氏族。

梁惇裕堂氏族始祖名桂芳，字合壁，号雪松，生于元朝宁宗元年（1332）。雪松的先祖先从中原迁到南雄，雪松再从南雄辗

转到番禺龙溪（今车陂）落户。600余年来，梁惇裕堂梁氏族人在车陂沙美农耕渔猎，家业繁荣昌盛。沙美梁氏后人通过修谱立祠，分有三房族。至2020年有24代传孙，在车陂居住的有1600多人，部分族人移居省内外，有少数人在港澳台地区及国外定居。①

"沙美梁"原称"沙尾梁"，是"文化大革命"后最早恢复扒龙舟的族群之一。沙美梁拥有龙船的历史可追溯至清代乾隆年间。270多年来，沙美梁氏族人为纪念历朝为官、红袍加身的先祖，制作龙船一直采用"红龙"造型，是车陂各族龙船所独有。现在沙美梁龙船会有10条传统龙船，有长30多米、可容纳60多人的探亲使用的龙船；有长40米左右、可容纳70多人、专门作比赛使用的龙船。梁氏宗祠在祠堂右侧摆放众多龙船头，有一条古老的龙船头与其他威风凛凛的龙船头不同，该龙船头是一个直径10厘米左右的小圆镜，龙船体红色，称为"红龙"。由于该龙船头是一面小圆镜，因此一直在民间被流传称为"产月"（又称"灿月"），是"龙船氊"（龙船母）。沙美梁氏父老梁广仲曾在祠堂当着本族数人的面，郑重声明这是"灿月"，寓意高光亮世，而非"龙船氊"。

大红龙"灿月"也是条传统的老龙船，有过百年历史，船身大而宽，行船时十分平稳。广州解放前每年族人都要扒着它去趁番禺的"官洲景"，在番禺坊间是有名气的。2015年广州市人民政府文史研究馆主办的"广府文化周"，邀请车陂龙舟在文化公园展览，其中就展示沙美梁氏宗祠的"灿月"龙船头，这是一面挂着花红的圆镜，展览介绍称："车陂的一条龙母'产月'像明镜照人，生出龙子龙孙，世代相传。"② 如今这"灿月"已收藏起来不再起用。

---

① 广州市天河区车陂村民委员会编：《车陂村志》，中华书局2003年版，第171页。
② 广州市人民政府文史研究馆、广州市人民政府参事室主编：《广府民俗多锦绣》，第75页。

沙美梁广仲 1937 年生，人称"十叔"，20 世纪 90 年代初中期当过沙美梁龙船头。关于"灿月"的来历，梁广仲有另一个说法：沙美梁的红龙不是"龙船嫲"，是君子船名"灿月"。因为沙美梁氏是祭拜华光菩萨的，新做龙船时，梁氏父老掷杯问卜，卜辞解释称是条"秀才船"，船头有一圆镜样，是秀才官帽的照妖镜，因而名"灿月"而不是"产月"，寓意高光亮世。至于船身为何涂上红色，那是因为梁氏祖先曾是宋廷右丞相，穿红袍，所以梁氏龙船涂成了红龙。沙美梁氏的"灿月"红龙是很威风的，1936 年族人还扒着它去海珠大塘村，还与当年"大天二"李灯筒斗龙船。村民对"灿月"很爱惜，扒了 130 多年，无论村民多困难，都没有要卖掉红龙的想法。沙美梁有千多亩太公田，可以维持当年梁氏祠堂 4 条龙船的开支。

"灿月"为何一直在民间被流传为"龙船嫲"？据十叔称"龙船嫲"的叫法源于坊间一民谣。那是百多年前的事，当时大红龙"灿月"被扒到番禺官洲（旧时叫昌华市，是大景，也是官景）去趁景。每年有好多龙船去官洲趁景的，大红龙"灿月"也要去，那时没有拖船，珠江河风大浪大，"灿月"船体宽大厚重，船扒得慢，扒了几个小时，好不容易才到达番禺的官洲景，睇龙船的人见到大红龙"灿月"姗姗来迟，便传出了这句顺口溜取笑之："沙尾有只龙船嫲，大肚冧登怎样扒。"从此这叫法便一传十、十传百地传开来。

此后，沙尾梁氏族人就重新装置过这艘大红龙，将之变身为小红龙，照样用那面圆镜作船头，人称"红船仔"。经过这样改装，船就扒得好快了。第二年"灿月"又扒到官洲景，睇龙船的观众就朝他们鼓掌，于是又有首民谣这样传唱："沙尾有只红船仔，又长又窄真好睇，扒起上来飞咁快，三声锣鼓到石牌。"如是这样扒了好多年，现在小红龙"灿月"就收藏在车陂河涌今黄埔大道东金东桥旁的位置。

关于各乡村对"龙船"的认同与否，番禺文化学者、化龙镇沙路村父老屈慎宁这样认为："我们沙路村也有条'龙船乸'，也有人不认同这是'龙船乸'，主要是认为女性要嫁人的，低人一等，其实我们的'龙船乸'很威风的，之所以称为'龙船乸'是因为当年这地方产出了很多新龙船，从这出去的龙船回来便被认作是母龙船。"

进入新时代，沙美梁氏的妇女也很想扒龙船，想成立女子凤船队。由于传统习俗是女子不能上龙船的，凤头凤尾不可以入祠堂的，要不要移风易俗，为此族人们争拗了三年。后来十叔就提议让女子新做一条龙船来扒。大家都觉得好，就凑钱新做龙船，成立女子凤船队。

见证了龙舟变迁的历史，感受到新时代的车陂文化氛围，十叔深有感触，作诗一首："当年遍地稻花香，国家改革显辉煌。洗去泥脚黄金甲，农舍永别住楼房。"以此赞扬车陂村民幸福美好的生活。

由于船体统一涂成红色，"红龙"成为车陂梁氏龙舟的特色，但有时"红龙"也会变色为"乌龙"，这也有一段故事。据沙美梁的父老说，十几年前，土华村知道沙美梁的龙船扒得快，便借来参加比赛，但"红龙"太惹眼，为了不被其他村的人认出，便将船身涂成黑色，等他们参加完比赛后送还时，再涂回红色，后来人们便取笑其为"变色龙"。

沙美梁每年端午扒龙船经常会请别村的兄弟一齐来玩，一起参与村的比赛。他们不是为了争夺名次，主要是为了增进感情，团结兄弟，促进交流。因而保留了乡村扒龙船的传统民俗，请对方吃顿龙船饭。

"范阳简"的"藏龙"风水塘

简姓是一个古老的姓氏。据《简氏祖先考》《简氏姓族考》记载，车陂简氏先祖孟英公是河北范阳县（今河北省定兴县）人，故范阳简取郡名范阳。简孟英于北宋末期由范阳迁金陵（今南京），后来跟随着北宋皇室再迁广东南雄，入住珠玑巷。宋靖康元年（1126），简孟英子孙携家人迁番禺。绍兴七年（1137），再迁香山（今中山）县阜龙里。南宋隆兴元年（1163），简孟英十六世孙简承直（字廷睿）辗转迁来番禺定居鹿步司永泰乡（今车陂），看中这里景美人好，便在此定居。承直公有三个儿子，大儿子康达留在车陂，二儿子志广迁去黄埔华坑村，三儿子志达迁去天河黄村。其后分支繁衍，族裔昌盛。后七世祖简同章分房族发展，建七世公祠，择地而居繁衍生息，现已传有 27 代，在车陂居住的有 600 多人，部分族人移居省外及省内他处，有少数人在国内港澳地区及国外定居。[①]

简同章是简廷睿第七代孙，同章简公祠是该族后人为纪念同章而兴建。该祠规模宏阔、工艺精美，三进两廊两天井，门前有广场，祠后有花园，广场前面有一口风水塘，塘边绿树成荫，塘内藏着几条龙船。

范阳简为车陂最早拥有龙船的氏族之一。同章简公祠内放置着范阳简在清代所拥有的乌龙公龙船的龙头、龙尾及船上物品。龙船则藏置同章简公祠南侧杨桃园的水涌内，该涌可直通至车陂涌，起龙、藏龙出入其间甚为方便。1982 年，范阳简族人依照对旧龙头、旧龙尾的记忆，重新定制了第一条龙舟。2021 年，范阳

---

① 广州市天河区车陂村民委员会编：《车陂村志》，中华书局 2003 年版，第 48 页。

简已有 6 条传统龙舟，其中 3 条是用坤甸木打造，3 条是用杉木打造，平常都收藏在同章简公祠前的池塘内。每年端午节前，简氏族人在风水塘集中"起龙"。端午节后，"出海"的龙船会被请回到此，藏到塘内保护起来，至来年再出河塘扬威。简氏的藏龙环境独特而且地方宽阔，颇有"龙归故里"的象征。

同章简公祠有一块在清乾隆元年（1736）便嵌在墙体里的宗祠祖训，由于历史久远，显得尤为珍贵。祖训是教育子孙后代在考取功名、外出做官后不要忘了向祠堂捐款，惯例是做文官比做武官捐款的数额更大，以报答祖宗的培养之恩。2020 年，石碑上的古训被翻译成白话文，刻在竹板上，陈列在祠堂里，成为教育和传承车陂乡村文化、祠堂文化的经典文本。

"江夏黄"的大型龙船坞

车陂黄姓始祖桂庭，在南宋末年大迁徙时期，越过梅岭，起初在广东南雄珠玑巷居住。明朝时又从南雄辗转到龙溪南部（今车陂沙美）定居。后人为纪念先祖，在今沙美江夏大街兴建宗祠，取郡名江夏，同时取字派。黄姓先祖落户车陂沙美至今已有 23 代，"江夏黄"族在车陂定居有 600 多人。[①]

江夏黄氏族人分布在车陂村第九、第十、第十一经济社，在车陂各大姓氏中所占人数比例不多，但拥有最多龙船，有 12 条传统龙船，其中有 8 条传统龙船、4 条标准龙船。龙船数量之多不但是车陂村之最，在全省甚至全国也说得上极少。更难得的是这 12 条龙船条条都能扒，各有功能。其中有条老龙船是造于

---

① 广州市天河区车陂村民委员会编：《车陂村志》，中华书局 2003 年版，第 47 页。

1957 年，1981 年恢复扒龙船后，这条老龙船就在当时东圃公社举办的龙舟比赛中拿到第一个龙船竞渡冠军。以后陆陆续续新造了好些龙船，8 条传统龙船中的 4 条是用坤甸木做的，有 40 米长，专门用来扒去探亲趁景，每条可载七八十人；4 条是用杉木做的，专门用来比赛。龙船会对每年新造龙船都有很明确的使用功能：比赛型的龙船要浅舱、轻巧，这样就又快又稳；探亲用的传统龙船主要是载人，船吃水位要深，舱位要宽阔平稳。

说起扒龙舟，江夏黄龙船会的父老十分自豪，自 1957 年有了自己的第一条龙船后，就成立江夏黄龙船会，至今有 60 多年了。那时的龙船会负责人是黄光远，当年才 20 多岁，此后黄光远一直担任龙船头至 80 多岁，现在是其儿子黄耀均（1963 年出生）接班，担任龙船会负责人。至今黄耀均也做了 4 年龙船头，平常龙船会工作还有黄灿华、黄福海等骨干和理事共 10 人协助打理。他们都是村中父老，都是从爱好扒龙船到热心组织龙船活动，从年轻到年老都一直自愿为龙船会做事，得到乡亲们的认可。

在车陂，江夏黄的传统龙船数量最多，其藏龙的龙船坞也最有规模。他们就在祠堂对面的车陂涌上建立了 2 个龙船坞，这是前辈主持龙船会时留下的一笔丰厚的物业，沿用至今，令他人羡慕不已。

要知道，由于车陂人热爱龙船，新造龙船对经济收入颇丰的村民来说都不是难事，但要在闲时收藏保管好几条长 30—38 米的传统龙船，没有合适的地方是不行的。以前龙船多藏在村边的河涌底，用泥盖上就是，但现在整治河涌，龙船停放要有规定，不能随便找个地段藏了。江夏黄就有自己的龙船坞。他们的龙船坞十分壮阔，在涌边围成一个大舱，上面还用网布遮盖住。此处藏龙有近十条，几条坤甸木传统龙船就藏在水底（以前他们是用泥藏龙舟，后来河涌清污后就用水藏），好几条 40 米长的杉木长龙和10多米长的标准龙船密密麻麻地吊在船坞上，令人惊叹。
如今能拥有如此宏伟的龙船坞实属不易。江夏黄龙船会的负责人
说，由于车陂黄氏宗亲都热爱扒龙船，旧时候一条36米长的传
统龙船价值不菲，都是本宗祠族人一笔笔地凑份子钱做的，所以
对龙船十分珍爱，十分注重龙船的收藏保管，想办法要为龙船筑
个"家"。黄氏宗祠没有池塘，却离车陂河涌很近，才几米的距离，
所以他们就在车陂沙美段河涌边建起一个藏龙的船坞，这是黄氏
前辈的先见之明，为后辈留下的文化遗产。如今要在河涌再找地
方建个船坞就很难了。据说其他一些龙船会之所以不敢新造龙船，
就是因为没地方放置。有的龙船会甚至到别处的河涌寄存自家的
龙船。江夏黄就没有这个后顾之忧。他们的龙船坞偏隅于车陂涌
一角，后人加以用心维修与发展，盖了顶盖，河涌底也整治过，
船坞装上门及吊机、吊环等，以方便不同型号的龙船出入船坞。

如此众多的龙船与宽阔的龙船坞，让江夏黄的族人非常自豪，
这是江夏黄宗亲们长期热爱龙船，共同努力的成果，他们也对建
立多年的龙船会留下的这笔丰厚物业十分珍惜。如今他们拥有十
多条新旧龙船，不但一条不卖，反而不断新造龙船。平常龙船全
都存放在两个大龙船坞内，不进去不知道，进去一看，真不得了。

每个龙船会都有段故事，车陂江夏黄的龙船故事就是他们拥
有这个气势不凡的龙船坞。

"清溪双社"重生"白尾雕"

清溪双社是车陂村清溪社隆兴苏氏和三孖巷社马氏的合称，
简称"双社"，又称"苏马社"，该龙船会依托于车陂隆兴苏公
祠和（古愚）马氏宗祠之下。隆兴苏公祠位于车陂村塘边街14号，

是为纪念始祖隆兴而始建于明嘉靖年间（1522—1566）。苏隆兴，字茂材，为苏东坡第五代孙，生于南宋宁宗嘉定十四年（1221），南宋度宗时任宣义郎，南宋度宗咸淳八年（1272），与乡人随王师等逃至南雄珠玑巷后，再逃至广州暂居于十八石，后由广州迁至城东鹿步司之永泰乡（后改龙溪乡，今为车陂乡），定居清溪双社。[①]苏隆兴一族自南雄珠玑巷到车陂定居至今约750年，有24代传孙，在车陂居住有600多人。

"隆兴苏公祠"历经数百年沧桑，原建筑面积3000平方米，现只剩下300平方米，祠内存有"轼裔"石横额一块，虽没有考究制作年代，但也被当成珍贵文物，摆在中堂。现该祠堂为广州市天河区文物保护单位，是宗祠族人的文化活动中心，也是端午龙舟盛会和文娱活动接待来宾的场所。

至于龙船会为何称"苏马社"，那是源于车陂隆兴苏氏与马氏祖先于400多年前的联姻，他们的后人属于老表关系，关系密切，又因都热爱扒龙船，龙舟活动经常搭档在一起，所以苏氏和马氏族人就合办了这个龙船会，成员有苏氏族人与马氏族人。

从前，两家扒龙船时是由苏氏桡手坐龙头一端，马氏桡手坐龙尾端，座位安排约定俗成，从无争端。1949年新中国成立后，清溪双社取消了这个规定，苏马两氏族人坐龙船不分位置。现在清溪双社龙船会有桡手300—400人。

清溪双社龙船会有条"白尾雕"龙船，该龙船有着150多年历史，这是一条花龙，俗称"龙船嫲"。在广府一带，像"白尾雕"这样有特点的花龙很少。"白尾雕"的特点主要有两个：一是无龙头有龙尾。"白尾雕"的船头是一面红底的圆镜，称为"破浪

---

① 广州市天河区车陂村民委员会编：《车陂村志》，中华书局2003年版，第40页。

镜"，有乘风破浪之意。以前的江河上浪比较大，村民希望能用镜子起到震慑的作用，这样扒龙舟时就能顺遂、平安。龙船尾是传统的龙尾，是白色的。由于"白尾雕"扒着快，扒划起来如在天空中盘旋的花雕，快速敏捷，故被称为"白尾雕"。二是船身绘有彩色图案。"白尾雕"船体上画有八仙法器、岭南佳果及荷花、牡丹等图案，所以俗称"花龙"。从前，车陂双社族人每年端午都会扒着"白尾雕"到兄弟老表村探亲，参与官山景。由于该龙船的赛龙夺锦成绩皆知巷闻，坊间流传有一民谣：

> 车陂有只"白尾雕"，扒到官山人仲叫。丢桡唔扒猛咁飙，双社兄弟桨飞舞，惹得游人阵阵笑，老表睇见把手招。

这里面有段故事，当年的"白尾雕"出自番禺官山村，那里的造船工匠制造了"白尾雕"龙船，归为车陂双社族人后，"白尾雕"每年都要回"娘家"官山探亲，双方互认亲戚，便成了老表兼兄弟。后人传唱的这首民谣，最后一句"老表睇见把手招"即道出他们的老表关系，可见车陂双社族人回去官山趁"官山景"之情深意长。

20 世纪 70 年代，由于农村经济困难，加上那年代不允许扒龙船，车陂生产大队不得已将双社的老龙"白尾雕"和郝氏宗祠的"大乌龙"卖了去购置生产物资。此事成了双社村民心中的痛，如今经济好了，村民都说要重造"白尾雕"，让龙舟文化传承下去。2020 年，清溪双社龙船会做出一个重大决定——重造传统龙船"白尾雕"，圆人们的一个心愿。

重造"白尾雕"，这对完全是民间组织与义务担当的清溪双社龙船会领导层来说，是件十分繁重与琐碎的工程。在清溪双社的龙船头苏文洽（人称尾哥、尾叔）的带领下，村民筹集了重做"白尾雕"的资金，解决了技术难题。

重造"白尾雕"，最大的事就是要大家捐资赞助。清溪双社与其他社不同，没有祠堂的物业收入。作为龙船头，尾哥不仅自己带头出钱，也动员家庭每个成员出钱，更动员大家热情捐钱。社员们都很给力，听到尾哥动员后，纷纷支持龙船会的活动，有钱出钱，有力出力，解决了资金问题。

资金到位后，就开始制作龙船了。因为要照原样去做，这就要先想法画出图纸。人们只知原先的"白尾雕"是用铁楸木做的，是"花龙"，船头是圆镜，但就是口耳相传的，也没有留下图纸。尾哥便组织人员去搜集、整理有关资料。于是老一辈的龙舟人便凭记忆画出了"白尾雕"的模样并交由船厂重造。尾哥的孙儿苏俊乐也是龙船发烧友，不但爱扒龙船，还是龙船文化的摄影师、宣传和推广者，尾哥就让苏俊乐与造船匠一起负责新造花船"白尾雕"的图案设计。重造原则上要按原样，但要比当年的龙船长一点，全长 39.88 米。为什么是这个数字？村民要求，如今新造龙船的船身都要比以前的传统龙船要长，长 1 厘米也是长，寓意一代比一代强。

尾哥还要具体跟进造船的每一个工程进度，船体快竣工那几天，尾哥与孙儿从早到晚蹲在番禺上漖造船工场，具体跟进工程一直到制作完成。

到了 2020 年夏，"白尾雕"已经做好，基本保持传统的原状：将船头做成直径 22 厘米长，船尾做成形似白雕尾。船身主要由三种颜色组成：红色的船头，黄色的船身，白色的船尾。船头船尾画着白马，寓意龙马精神；船身画上钟离宝扇、仙姑如意、铁拐李葫芦等八仙法器，以及荔枝、阳桃、龙眼等岭南佳果；龙船鼓的位置还画了莲花宝座的图样。重新制造的"白尾雕"看起来明艳照人。

　　2020 年中秋佳节到来之际，车陂清溪双社的村民们终于可以迎接新龙船回家了。为此，他们举行了隆重的仪式——新船"进水"，为新"白尾雕"装饰。尾叔的五个兄弟爽快地赞助船上的5 个罗伞、2 支头旗，还有大担旗、百足旗等共 10 支旗。2020 年9 月 25 日（农历八月初九）上午 10 时，车陂清溪双社龙船会新造的传统龙船"白尾雕"举行进水仪式。龙船头尾叔在 7 时半就来到位于番禺上漖的龙舟制造基地黄善龙船厂，提前打点"白尾雕"进水仪式的各种事情。然后指挥近 75 个壮汉穿着社里统一定制的印有"百年传承车陂老龙白尾雕"字样的新衫，高高兴兴地将新造的"白尾雕"扒回车陂。刚到村口，就听到车陂涌响起锣鼓声和鞭炮声，这是车陂村人热烈欢迎"白尾雕"回来，真可谓"双社兄弟桨飞舞，惹得游人阵阵笑！"

赛龙夺锦有章法

孙中山大元帅府纪念馆收藏的清代通草画呈现广州珠江上的龙舟竞渡（程存洁提供）

车陂龙舟赛的奖品烧猪

标手手疾眼快，伸手去抓回龙旗

马上夺到回龙旗的瞬间

龙船回龙折返瞬间

众人安装龙船鼓

麦氏宗祠内的龙船神斗

父老为龙船采青开光

采青后摆放于车陂晴川苏公祠的龙头

夺标回龙勇争先

嗨嗬！嗨嗬！每逢端午节前后，滔滔珠江水上，锣鼓喧天，浪花飞溅。河面上，群龙竞渡，龙舟头高昂，健儿水中逐浪；两岸万人空巷，民众争睹盛况。在广府地区，赛龙舟的风俗已传承千年，是"云山珠水"最生动的诠释。广府龙舟文化包含广府水乡人繁衍与成长的历史，也见证了广府地区的变迁，是广府文化的重要组成部分。

处在广州东面的千年古村车陂，在每年端午期间举办的龙舟文化活动中，最激动人心的莫过于龙舟竞赛。龙船赛争夺锦标，俗称"斗标"。现代竞技比赛中的"锦标赛"一词就来源于龙舟竞渡的"夺锦标"。广东俗语云"龙船扒得快，今年好世界"，看广府人赛龙船斗标是一件既刺激又赏心悦目的事。据孙中山大元帅府纪念馆馆长程存洁在2021年第6期的《文物之声》中介绍道：

> 该馆珍藏一幅反映19世纪广州龙舟比赛热烈场面的通草水彩画。呈现的是在珠江上的一场龙舟比赛，两艘长长的传统龙舟，坐满了用力划桨的、击鼓敲锣的、呐喊助威的、掌舵指挥的参赛手，个个精神抖擞。两条龙船在你追我赶，

场面异常激烈。正中的那艘龙舟，左右两边各坐着 27 位划桨者，正在拼命地划桨；船头有一名指挥者站着，手举三角形"元"字令旗；船尾有一名舵手；船中央有两名参赛手在击鼓，并树立一面三角形"帅"字黄色大旗，由两名赛手守护，其中的一位还左手持火炬；船上树立了四把罗伞，除一把罗伞下由一名左手持火炬的赛手把持，其余三把罗伞下各有一名赛手在敲锣。他们都在呐喊助威鼓劲！……画面右上角的那艘龙舟，已在比赛中遥遥领先。这艘龙舟左右两边各有 30 名划桨者正在用力划桨；船头站着一名指挥员，手举红色三角形令旗；船尾是一位舵手；船上共树立五把罗伞，每把罗伞下有一至两名赛手，或敲锣，或呐喊，其中有一把罗伞，上面书写大大的"帅"字；船中央还有两名赛手在不停地使劲击鼓，鼓舞士气。

　　明清以来，龙舟赛事是珠三角地区极为隆重的一项习俗。清朝陈坤的《看龙舟》写道："鼓声喧处浪花飞，十里珠江似锦团。红粉两行齐笑语，龙舟真个夺标归。"（《岭南杂事诗钞》）光绪五年刊本、瑞麟等修《广州府志》卷十五"舆地略七"有载：端午"士女乘舫观竞渡，海珠舟中各悬花球，香浮海面，……每岁龙舟络绎不绝"。

　　可见，从百年遗存的画面看，广州地区的龙舟比赛多是在宽阔的江面上举行，人们多是坐着船在江面看龙舟竞渡，而少有显示是在村落的河涌上看。近二三十年的广州主流媒体报道的龙舟比赛，无论摄影、录像、文字等都较多地反映了在内河涌进行的龙舟竞渡，比如车陂的龙舟比赛。每年农历四月末（多为四月二十八或二十九），车陂村举办的"车陂杯"龙舟竞赛占据了广州地区主流媒体的大幅版面。彼时的车陂涌，鞭炮喧天，锣鼓震响，水花飞溅，群龙竞争，民众与龙船不亦乐乎。

在车陂端午龙舟节中，最激动人心的莫过于每年一度的"车陂杯"龙舟竞赛，即是同村 12 个龙船会的大比拼，俗称"斗标"。这是村落宗族之间的交流与竞争，也是全村 12 个龙船会一年一度的大聚会。总之，不亦乐乎。

车陂龙舟竞渡开展数百年，具体是从什么时候开始的已无从考究了，因种种历史原因，其间断断续续若干年，直到 1978 年改革开放的春风吹遍祖国大地，车陂村（大队）所在的广州市郊区东圃公社恢复龙舟竞赛活动，村中的传统龙舟文化才得以蓬勃发展。1980 年 6 月 6 日，在车陂涌率先开锣的龙舟竞赛是由广州市郊区举办。此后从 1987 年农历四月末起，车陂村自行举办传统龙舟赛，并将其命名为"车陂杯"，由车陂村 12 个龙船会派出船只参与。村委会主办的比赛志在激励村民，志在弘扬与提倡车陂村团结奋进的龙舟文化，参赛的都有烧猪及烧酒等奖品，获得前六名的有锦旗与奖金奖励。

车陂村 12 个龙船会的角逐，是团结与协作、意志与技艺的大比拼。这是男子汉比拼的平台，血气方刚的年轻人到这个关乎族群和船会面子的时候，在竞赛中纷纷不甘落后、奋力争先。按照传统的民间习俗，如果男子家中有丧事不能扒龙船，孩子出生未满月不能当龙舟选手。赛龙舟前多则一个月，少则七天，不得夫妻同房。至于女子，禁忌更多，旧时女子不但不能上龙舟，就连龙船经过时，如果遇到有人特别是有妇女身处桥头上，也会被认为犯了"骑龙"的大忌。龙舟节期间，车陂涌的几座桥早早就封闭了，这是依照俗例，也是为了安全。扒龙舟训练阶段十分艰苦，只要看看桡手那双厚茧中布满血泡之手，就会明白个中的艰辛。

但没人会张嘴说辛苦，"夺标"二字深深地铭刻在这些水乡男子的心中。赛龙夺锦，要争第一，争得的第一不仅是一面锦旗，一只"金猪"（烧猪）和一埕烧酒，更是一份祝福，一份面子和荣耀，是宗族集体的荣光。早期有种说法是"宁荒一年田，莫输一年船"，可见当年车陂人对赛龙船荣誉的追求，但现多注重宗族的团结和乡情的维系。

龙舟竞赛那天一大早，村委会将夺标奖品的 18 头金猪（获得前六名的龙船会，除了获得参赛奖励金猪外，还会再奖励一头金猪，即前六名的会有两头金猪）及烧酒披红挂绿，整整齐齐摆放在礼宾台旁。人们一早就来霸位，不到 9 时，一河两岸站满围观龙舟比赛的人群，呐喊声、锣鼓声、鞭炮声一阵高于一阵。

车陂龙舟赛为计时赛，分二轮进行：第一轮为初赛，按抽签序号每两条船为一组，单号在东线，双号在西线，由裁判组计时，取前六名参加第二轮决赛。在第二轮中按时间长短决出龙舟赛名次。

人们个个取胜心切，往往比赛还没开始，紧张的气氛已经表现出来了。在起始线上，等待出发的龙船跃跃欲动，有的悄悄将船向前挪了几分，但在裁判严厉的警告下只得退后，然后又有船上前，再退后，再上前，一次又一次地，现场紧张的气氛不断加剧。

10 时整，一声锣响，刹那间，天、地、河震动了，急促而有节奏的鼓点，加油助威的喧哗声，还有高音喇叭里主持人声嘶力竭的讲解声，统统交织在一起，响彻云霄。河面上双龙并进，争先恐后，龙船速度如飞箭，用"龙腾水上"一点也不为过。随着桡手们手起桨落，前俯后仰，有一龙船逐渐加速，离前方标旗近了，要"回龙"了，全场紧张起来，都在注视着"回龙"夺标折返的一瞬间，这可是胜败的关键。

"回龙"是车陂龙舟赛特色。比赛规则指定，每条长三四十米的传统龙船，载着六七十个桡手，从龙溪桥出发，奋力扒上300米河道到观龙桥（沙美桥），要夺取"回龙旗"（即挂在河面上的标旗），再折返回程，拼命扒上300米到冲刺点，也是原先的起点，才算完成全长600米的龙船比赛。这样很考验每条龙船的"回龙"技艺，既需要全体桡手的默契配合，也要大家的同心协力。如果稍有过失，夺不到"回龙"标旗，就算最快到终点，也不算名次。

在比赛中，夺"回龙旗"是非常考验技术的。龙船要一开始保持领先，快到前方300米夺标处时，龙船要适当减速，让标手迅速夺标，然后指挥全船桡手在急速前进中转身，之后龙船折返，保持高速，往前方目标冲刺。这"回龙"技术不易掌握好，快了，夺不到河面上的标旗；迟了，会在这"回龙"瞬间被他人赶上。所以，当艄公判断要减速时，便会举起桡告诉鼓手，鼓手马上擂急鼓，以此表示停止前进，靠惯性前进到夺标点，让标手快速夺到"回龙旗"，然后桡手们就快速转身折返，向着原来的起点方向扒去。车陂范阳简龙船会的简勇杰不但是一个出色的舵手，也是龙船比赛中出色的夺标手，他很机灵，龙船竞赛夺标时往往能巧妙地抓住"回龙"瞬间，一手夺得标旗，表现出色。

这夺标与"回龙"靠的不仅是机灵与技术，还要靠经验与反应。

赛龙比赛分初赛和决赛，第二轮决赛也是以两船为一组，顺序为：首先由初赛第五名与第六名进行比赛；然后由初赛第三名与第四名进行比赛；最后由初赛第一名与第二名进行比赛。按到达时间决出本次龙舟赛的前六名。

有经验的桡手会掌握好节奏，要保持一定的体力，但不能"留前斗后"（意即前面保留体力，在后面竞争），因为保留体力极有可能导致成绩进不了前六而无缘决赛。而在比赛中，桡手的力量又不能一下子全爆发出来，要合理分配到整个比赛的每个环节，才能在激烈的比赛中获得好成绩。

决赛是最为精彩的，赛中有的龙船几乎腾离水面，如蛟龙在水上腾飞，随波逐浪。2016年车陂龙舟赛决赛是高地苏的龙船与范阳简的龙船争得不相上下，桡手们半站半蹲，全程600米奋力拼搏，夺标、回龙、冲刺，两船争持不下，斗得难分难解，一直拼到终点，两船才分出零点几秒之差。就为了这零点几秒，桡手们不知付出多少心血、智慧和毅力。要知道，船深一厘米，桨亦深一厘米，比他人也靠前一厘米。斗标中，最快速时一秒的船速是七米左右，整个过程就靠这一厘米一厘米地积累而成，直到临冲刺的一百米，更要鼓猛劲，全船一心，从鼓手到舵手再到桡手，人人奋起，半蹲式不停地划船。那时候船上的桡手一心一意，听不到岸上的观众为自己加油，只有一路埋头去划桨，直到夺标关头大家拼尽全力一搏！

赛龙船争到第一是最让车陂人开心自豪的事，当人们问："点解？"（粤语，为什么？）桡手总会扬起黝黑的笑脸，大声地说："点解？够辣够威够强呗！"（粤语，够刺激够威风够强劲）赢了比赛，不仅吉利，而且证明他们很威风，很有力量。龙舟竞赛给村民、给族群带来高度的凝聚力，通过龙舟赛大家认识到只要大家齐心协力，非但赛龙舟可以夺锦，其他事也可以无往不胜。

比赛进行时，是龙船"发威"的时刻；比赛后，气氛就轻松得多了，各条参赛龙船自由地在水面上游弋，摆出各种造型，尽情地向两岸观众展示它们的风貌，引起观众一阵阵惊叹声与欢呼声。

从广州车陂如今精彩的龙舟比赛，再回看百多年前描述的顺德龙江竞赛：

顺德龙江，岁五六月斗龙舟之日，以江身之不大不小、其水直而不湾环者为龙舟场。约自某所起至某所止，乃立竿中流以为界，船从竿左右斗，不得逾界。先期定其敌，两龙舟为一耦，大小长短相若，黄头郎相若也。主者书于册，又以两筹书某龙船字中分。主者执其两半，而以两半酹卮酒与之。两船既斗，则胜者交其筹于主者。（主者）合筹不爽，则书于册，曰：某船胜某船矣，以一标书胜字与之，其负者又与他船斗，或胜，则亦得一胜标。是日也，船连三胜，得三胜标者，是为初场最。次日，三胜者又与三胜者斗。三胜者连得二胜标，则得一五胜之标，是为二场最。次日，五胜者又与五胜者斗，其一得全胜者，是为三场最。于是主者与以状头标，张伎乐，簪花挂红，为四六庄语送之还埠。凡出龙船之所曰埠，斗得全胜还埠，则广召亲朋燕饮，其埠必年丰人乐，贸易以饶。①

从龙船如何斗标始，到夺到头标拿奖，可见数百年来广府地区龙舟竞渡的仪式、情景和热闹程度基本如此，扒龙舟的传统文化就是这样一代代相传下去。

龙船习俗礼仪长

中国是个礼仪之邦，端午龙舟竞渡是一个历史悠久的民间习俗，广府人过龙舟节是古代百越人为祈求生命得到保障所举行的龙图腾

---

① 〔清〕瑞麟等修：《广州府志》卷十五《舆地略七》，光绪五年（1879）刊本。

祭祀节日。沿革数千年，从祭神攘灾发展到娱神娱己，发展成举办连续数日的端午扒龙船的盛大传统节日，并因此创造并传承了一整套仪式礼节，可谓是对扒龙舟奉若神明。车陂村位于广州市中心东面，旧属番禺，数百年来，沿袭并保留了民间扒龙船的传统仪式，主要分几个步骤：起龙、采青、招景、应景、赛龙、藏龙等。在举办车陂景和赛龙舟之前，龙船要先进行起龙和采青等环节。

起　龙

起龙是广府扒龙船礼仪的开始。有民谚云："四月八，龙船到处挖"，"四月八，龙船透底挖"。由于龙船的船身是用密度较大的上等坤甸木做成，而坤甸木龙船若长期在太阳下暴晒会爆裂开来，广府水乡的村民们就想到了用湿润的河泥包裹龙船，将龙船深藏涌底的办法保存龙舟，如此经历数十年乃至百多年之久不会腐朽、不会爆裂。每条村"起龙"的日子有所不同，就算在车陂村内，每个姓氏宗祠"起龙"的日子也不同。

起龙的日子一般选在农历四月初八前后，当天人们会把深埋涌底或池塘里的龙船挖起、洗净，再风干。择日将船头船尾披红挂彩，擂鼓放鞭炮，再请念吉利语，洒上净水，龙船才好下水。

对于有众多龙船的车陂村来说，龙船俨然是一个有生命的个体。端午节之前的起龙仪式，各宗祠氏族的青壮年甚至老人都要前来参与。2019年四月初八那天，在中山大道中附近的车陂涌龙船坞里，广州最老、保存最好的龙船之一"东坡号"起龙。上午9时许，车陂村晴川苏氏族人老中青三代，年龄最大的有87岁，最小的有7岁，大家聚集在中山大道旁的车陂涌。起龙要有个仪式，人们先在藏有龙船的涌边点上香火，焚香烛，烧爆竹，敲锣

鼓。当水闸打开，水流出河涌，龙船坞的水位下降后，村民们便
跳入河中，舀走船内的积水，清淤泥。有时龙船底的淤泥与龙船
粘在一起，浮不上来，村民就用一条绳，顺着船底用力一刮，让
泥和船分离，船就渐渐浮上来了。起龙是项体力活，起龙所需要
的时间视淤泥的多少以及藏龙的深度而定，一两个小时是少不了
的。人们把埋在水底的龙船身上的淤泥和污水清理干净后，便请
龙出水。这条已有150多岁的老龙舟，在休息一年后再次被"唤
醒"，准备参与此年的龙舟盛事。这一年起龙的日子比2018年
提前二十多天，为的是让船身透气，蒸发掉水分。因为传统龙船
的木质密度较大，船本身就很重，水分的蒸发也较慢，提前蒸发
水分可使船身轻一点，同时还要提早拖进船厂整修。龙船岁数大
了，几乎每年都要进行整修保养。

　　每年从四月初八开始，车陂各宗族龙船会择日将龙舟从龙船
坞挖起，为龙船下水做足准备。2021年四月初八，车陂清溪双社"白
尾雕"起龙了，要备战2021年广州国际龙舟邀请赛彩龙竞艳项目。
车陂清溪双社的龙船坞位于中山大道中东圃路段的车陂涌旁，长
45米，宽4.5米，可以存放3条龙船。目前龙船坞里除了存放"白
尾雕"外，还有一艘传统龙船。起龙讲究天时地利人和，村民要
利用藏龙船坞与河涌中的水位差来抬升船身。由于要就当日的潮
汐水位，兄弟们只能在晚上9时起龙。虽然晚上光线没有白天好，
但有多年起龙经验的兄弟们还是得心应手。首先要开始放水，村
民打开阻断龙船坞与车陂涌水的闸门，闸门打开后，船坞中的水
开始流向车陂涌，水位慢慢从没过人的腰间下降至人的膝盖以下。
然后再打开龙船底下的两个木塞，排出积水，清空淤泥。此时，
再把木塞塞上，龙船自然就会浮上来。第二天早上10时，兄弟
们再来为龙船"洗澡"，先用戽斗将船舱里的水和淤泥舀出，在

排清淤泥和积水后，再用水洗干净船身。然后待龙船的水分蒸发，接下来就是给龙船的船身涂猪油，即"润肤油"。涂油是为了形成一层保护膜，避免船身氧化。

范阳简的起龙舟仪式甚为热闹，由于该氏族收藏龙船的河塘就在村中同章简氏宗祠，起龙日引来众多摄影爱好者和村民的围观，连小孩子们也跟着父亲或爷爷来凑热闹。

车陂村老人们对儿时参与起龙的记忆尤其深刻，因为听上辈老人们说，起过龙船的男孩以后能龙精虎猛。所以，村里的孩子一听说起龙船，个个便把衣服脱掉，光着身子，跟着大人们来到河涌，用小手一把一把地将龙船上的软泥抓上来。孩子们浑身上下都是泥巴，个个变成泥人，还打起泥巴仗，抓一把泥巴，扔向小伙伴，有时谁一不小心，把泥巴扔到正在起龙的大人身上，他就会扑通一声钻到水里。大人也不发怒，只是骂声"野马骝（野猴子）"。龙船起上来了，大人们把它划到浅滩。孩子们一边帮手洗擦龙船上的泥巴，一边洗擦自己的身子，还一边向小伙伴们泼水。于是，河滩水花飞溅，欢声荡漾，构成好一幅活生生的童子骑龙戏水风情画。

如今这种情景不再了，小孩与老人基本都不下水，但起龙仪式依然少不了，要摆上几个苹果，烧好几串鞭炮，在龙船刚露出水面的时候，岸边的龙船鼓就敲起来了。在围观的村民们阵阵的吆喝声中，藏在涌底的龙船慢慢浮出了水面，人们兴高采烈地持着桨板上龙船划了起来。起龙后，龙船就可以择日"采青"了，兄弟们也将开始训练备战。

整　饰

俗话说"整色整水"，龙船也一样，起龙后要维修。龙船藏了一年，起龙后要对龙船进行检查维护，修饰与装扮。龙船的维护大致分为两部分：第一道工序是常规的检查，先要扎紧龙筋（贯

穿整条龙船的中心主体船木），即用一根三角形的小木块（俗称
"中缆尖"），插在龙筋与坐板之间扎实，使龙船更为硬朗。这
个工序非常考验师傅的功夫，龙筋的松紧度要恰当。扎完了，工
匠还要站在船头上跳几下，试试船体的软硬度。第二道工序是往
龙船身涂油，以前村民都是用土法炸猪油，用来刷龙船身，究其
原因，据说是猪油能减少船体与水的阻力，船可以走快一点。现
在人们都是买来桶装的猪油刷上去，也有的是刷一层桐油。

如果龙船有损伤，则要送进船厂修理。龙船修理厂在番禺上
漖村，修船的船排就建在河涌边上，连着七八个，每个船排里都
架着待修理的龙船，整个船厂就十人左右，在船厂内的大多是待
维修的老龙船，也有一两条是在建造中的新船。有着150多年船
龄的"东坡号"老龙船也静静地侧躺在地上，可以看到船身上有
些陈旧的划痕，犹如老人的皱纹一样，船体的筋骨也有些松弛，
需要维修保养，时间大约十天，费用是万来块钱。接单的师傅说，
这是小事，耽误不了它参加游龙与探亲活动。

除了对船身进行装饰，还要对供奉在村中的氏族祠堂的龙船
头和龙船尾进行清洁或添补色彩。摆放在祠堂里有一年之久的艄、
桨、桡及龙船的罗伞和旗帜等，也需要清理。

龙船的装饰有一定讲究，长龙和短龙分别有不同的装饰。八丈
（26米）以下称为短龙，短龙船上配置一个大鼓、两个锣架、两面
铜锣。传统的十丈长龙（相当于40米左右），就增加配置了两个锣架，
也即一条船上有四面锣，一个大鼓。每条传统龙船配置三至五个刺
绣罗伞，一面长幡，一面本村姓氏的标志旗。标旗颜色也不相同，
或为红色，或为黄色，或为黑色，或是彩色。这些代表本村落氏族
的标志旗让人们远远就能分辨出这是哪里地方的龙船。

广州十三行博物馆藏有一幅赛龙舟通草水彩画。画中的龙舟

左右两侧各有 22 名划桨赛手，另有 15 名赛手站在龙舟上，或指挥，或掌舵，或击鼓敲锣，或呐喊助威。船中央竖立了一面三角形的七连星大旗，是北帝的七星神旗。由此可见，19 世纪广州珠三角地区赛龙舟时，龙舟上是要竖立各式神旗的。如今时代不同了，传统龙船少有竖立神旗的，多在船中设有一个木制的小神龛，称为"神斗"，扒龙船前村民会将本族群信仰的神灵请到龙舟上，以保佑龙舟竞渡的顺利。这有个仪式称为"请龙"，也有称为"请神"。在农历五月初一前后，趁涨潮时，村民便将龙船的龙头、龙尾旗子插好，将锣鼓、彩旗放到规定位置。请神仪式时要请一个喃呒佬诵经祈福，负责神斗的桡手先给村中的菩萨上香，拜完神得一直持着点燃的香和一些香油，送到龙船的神斗。这就是虔诚地将供奉在村里庙宇中的神灵"请上"龙船，并在船头和船尾贴上两道符咒祈求顺风顺水、大吉大利。至于安什么神，请什么神，各个村每个宗祠有所不同。据商承祚早年的调查，广东人的神龛中，第一位是观音，第二位是北帝，第三位是天后，也有信仰供奉本村菩萨。在车陂村，沙美梁供奉华光帝，郝氏供奉侯王，王太原供奉东海龙王，车陂新涌口是拜观音的。也有的氏族只笼统地写个"神"字，再将之请上龙船，一切都是为了保佑扒龙船平安顺利。

龙船经过修葺，安上平时供在祠堂的龙头龙尾，再披红挂彩，装饰上罗伞和旗帜等。龙船整修一新后，有的还要请村中长老点睛，这样龙船就更为光彩夺目，可以"采青"了。

采　青

这是扒龙船重要的一环，也是一种风俗。在河涌"沉睡"了一年的龙船，修补好后便整装待发，准备在端午节期间大显威风。

但经过一年"沉睡"，龙船还缺点"生气"，这时候便需要"醒一醒"龙船，让其抖擞精神，要生猛起来，这个仪式便是不可缺少的"采青"了。村民会择日将龙船划到村外河边或涌边，采一些菖蒲或谷穗等青绿植物放在龙船的船头。

"十里不同风，百里不同俗"，就是在同一番禺，前清沙湾司、茭塘司与鹿步司各地的起龙也有不同的俗例。如以前大多数水乡的采青仪式就是将龙船划到本村的水田或山神庙前，采些青禾插在龙头上。如今多数的乡村，如车陂村的数个祠堂龙船会的采青仪式都在祠堂里进行。村民将摆放在祠堂的龙船头、龙船尾、罗伞、锣鼓拿出来，进行擦拭、上油，再请乡村的道师诵经、贴上祈求平安的符咒，把采好的一束青壮的禾苗供上，进行拜祭，祈求一年五谷丰登，端午节顺顺利利、平平安安。

采青要讲究"意头"（粤语，彩头），采青的"意头"与选择的时辰有关，时辰一般由当地的乡村道师选定。车陂村各宗祠的龙船采青仪式是请当地一个祖传三代的道师来主持，他大名为苏庆恩，人称"喃呒恩"。"喃呒恩"查过通胜历法，将采青时间定在某日某时辰，嘱咐祠堂的管事（龙船会负责人）准备龙眼叶、柏枝等采青拜神的用品，用红布扎好彩球挂在龙头上，整理清洁好罗伞，并将柏枝绑在龙船头的角上，据闻可以辟邪赶鬼挡灾。然后点上长塔香，让祠堂的香火在节日期间供案不熄，为的是保佑族人在整个龙船节里出入平安。

珠江三角洲土地肥沃，向来以"万顷良田""鱼米之乡"著称。以前龙船会的采青是将拜过神的龙头安放在龙船上，再扒出涌口，俗称"出海"，再在珠江边的稻田里采一束青壮的禾苗回来，祈求五谷丰登，平安丰收。龙船去采青时，只能打暗鼓，即是用鼓槌敲敲鼓边，等采青上船后，才能打明鼓，放鞭炮。采青上船后，众人便把写好的"净水符"贴在船上的神龛、鼓身、锣架上。这时候，龙船已经完全"醒"过来，准备抖擞精神投入新一年的龙舟节欢乐中。桡手们在河涌上划上几个来回，敲锣打鼓一番，还要再次划回藏龙船的地方，这一最后的仪式称为"瞧坞"，在这之后，采青仪式才算大功告成。

但现在珠江两岸已没有稻田，已无禾苗可采。后来也只能"采旱青"了。到了现在，村民唯有在自己的祠堂边，放一大瓦缸，在瓦缸里播谷、莳秧，以此法培育一束禾苗用作采青之代用品，以延续对五谷丰登的企盼。

随着乡村的逐渐城市化，村民已经没有他们世代耕种的土地，告别了农耕时代，瓦缸里这束禾苗已超出了它作为采青活动中一个普通道具的意义，它还要肩负着传承一种传统习俗、一种希望的责任。

组织集训聚人心

村民都说，很期待扒龙舟日子的到来，他们的准备工作也很紧张，大家各就各位，将龙船配置齐全，就要进行训练。村中各龙船会便会精选青壮年好手集中在一起进行赛前训练，有的还会请教练，每天下午到傍晚时分练习两三个小时，如此练足一至三个月不等。龙舟竞赛不仅考验个人力量与技术，更考验全船人的团结协作。为了提高龙舟队员的身体素质，很多龙船会在车陂旧涌口建起了龙船基地，让各龙船会的人员有个集中训练的地方。

车陂每年一度的"车陂杯"龙舟竞赛，是乘着改革开放的春风恢复设立的，一直坚持以车陂村为主，以 12 个氏族龙船会为单位进行比赛，旨在加强族群间的联系与交流，弘扬本土龙舟文化。为鼓励村民踊跃参与，所有参赛的龙船都能获得村给予的奖励。赛事初期，参赛龙船均为传统坤甸木龙船，赛事允许每个船会根据自身拥有龙船数量的多少去决定参赛的龙船数量，结果有些年，报名参与比赛的龙船多达30余艘。直到2000年后，村里考虑到比赛耗时过长等诸多因素，赛事规则改为每个龙船会派出一条龙船，即12条龙船参赛。

本来，村里举办传统赛龙舟一是为显示氏族的兴旺与团结，二是通过赛龙舟展现各龙船会实力，加强与巩固族群间的联系与交流。这些年，随着城市化进程的加快，乡村的土地陆续被征用，村内青年大多忙于上班工作，缺乏体力劳动的锻炼，有些甚至没扒过龙船。没有系统的训练，又怎么会赢得胜利？所以有些龙船会不甘人后，为了赢得比赛，也是为争得宗族的荣耀，邀请了一些专业的龙舟队参与竞赛。经济社会下，有需就有求，据说，拿到什么名次各奖多少钱，都会有行规价码，这也给车陂的龙舟比赛带来些非议。后来，也有一些龙船会用另一种方式，就是邀请"兄弟"来扒龙船。他们说，是请其他村的同姓兄弟一起来（扒）玩，这是兄弟情谊，争得的荣誉大家共享，不用花什么钱，就是请吃一顿龙船饭。当然，比起其他龙船会请专业的桡手，名次就可能会靠后一些了。

后来，车陂村委会意识到这个问题，想到要加强培养本土的好扒手，需要建立村里的龙船训练基地，要成立一支拿得出去、技术过硬的车陂龙舟队伍。于是2012年便成立了车陂龙舟联合队，队伍以麦子豪、简炽坚等人为中坚，带领村中一班中青年骨干，在工作之余坚持参加扒龙船训练。

这一支骨干队伍有30人，平常工作在不同岗位，有在村委会任职的，有做公司领导的，有做文员、保安和司机的，但一到晚上 8 时，他们便汇聚在龙船训练基地，在教练的指导下，参与夜间训练。不觉间，他们有的坚持了一两年，有的坚持了近十年。经过长年累月的刻苦训练，他们提高了技艺，积累了经验，也带动与培养了一批车陂的扒龙船爱好者，使越来越多的年轻人有一种自觉参与龙舟文化传承的激情。郝智源是车陂农村商业银行负责人，从小在车陂长大，热爱龙舟文化，他在银行的 VIP 接待室里布置了龙舟文化的内容，以此宣传龙舟文化。每年端午节他也组织员工与客户一起包粽，组织员工与村民一起扒龙船，体验赛龙舟的滋味。他平日工作很忙，但下班后，总要抽时间参加扒龙船训练。大家都明白，只有经过刻苦训练，才能在龙舟赛中夺取好成绩。

范阳简、沙美梁等龙船会由于一直坚持组织集训，队员们每天傍晚或晚上都会在河涌练习扒龙舟，以此培养更多年轻人对龙舟的兴趣，所以他们参与车陂及外面的龙舟比赛时成绩都较理想，每年比赛都有获奖。

2016 年，车陂龙舟联合队更名为"车陂龙舟队"，仍以麦子豪为领队，各宗祠龙船队的主力就是车陂龙舟队的骨干。他们加强训练，为参与更高规格的龙舟竞赛活动备战，如参加每年一度的广州国际龙舟邀请赛。他们创造的佳绩越来越多，如范阳简于 2013 年广州国际龙舟邀请赛传统龙比赛中取得第五名；东平梁龙船会于 2017 年广州国际龙舟邀请赛传统龙比赛取得第五名，于 2019 年广州国际龙舟邀请赛中获得传统龙竞赛亚军；王太原龙船会于 2018 年在广州国际龙舟邀请赛中获得传统龙竞赛亚军。

这些年来，车陂龙舟队逐渐训练有素，把车陂村常规性民俗文化活动提升为具有社会影响力的高规格活动项目。麦子豪带领车陂龙舟队伍多次征战各大赛场，获得不俗的成绩，逐渐在广府地区龙舟界打出了名堂。龙船队曾获得 2017 年飞渡海珠湖龙舟赛第一名、2018 年黄埔区龙舟公开赛第三名、2018 年广州国际龙舟邀请赛第八名等佳绩。在 2018 年，更是参加了中国龙舟竞技水平最高级别的中华龙舟大赛，在强手如林的赛事中，分别获得 200 米第八名、500 米第十名和 100 米第九名的优异成绩。

通力合作显身手

扒龙船是一项集体的运动，要将一条龙船扒得又快又稳，一靠船上人员的通力合作，二靠艄公掌舵。要在龙舟比赛中取得好成绩，人员配置很重要。龙船上的人员各有不同分工，包括舵手、头尾旗手（标手）、桡手、鼓手和锣手等，龙船每个位置的设置都有讲究，六七十人各就各位，齐心才能协力，龙船才能够扒得快。

舵手负责龙船掌舵，俗称"抓艄"，也称"艄公"。舵手的作用是控制龙舟的前进方向，防止龙舟偏离赛道，避免犯规。舵手的人选讲究的是经验丰富，年纪大些也无妨。龙船前进时打鼓、打旗的成员都要与艄公相互配合。传统长龙有三四十米长，车陂村等大多数广府地区乡村的河涌窄而长，龙船"回龙"不转弯，只是转身，所以船头船尾各配有两名掌舵人，分别为"大艄"和"帮艄"，即作主要掌舵和辅助掌舵。舵手担负的一大重要职责是把控方向及看护好龙船。三四十米长的龙船在狭窄的河涌行进，需要分外小心，一看到前方有突发情况或在拐弯处有树枝突出来，便指挥头旗发出信号，这样前后艄公（掌舵）便会配合向左或向右前行以避险。有一次，范阳简龙船会的简钜光眼见龙船就要撞到急弯处打横长出的一棵弯树，于是他手疾眼快，一边调整舵位，一边指挥旗手拉起龙船头避过一险。

鼓手相当于龙船的指挥，是全船的核心人物，负责指挥桡手划船的速度、力度。鼓手在船行进中将鼓打旺，咚咚的龙鼓声可以让全队上下士气大振，起着统领全队划船节奏的作用，振奋桡手的士气。鼓手往往选些高大威猛有经验的人。有些龙鼓手在冲刺时，为了用力打鼓，将腰向后弯出一个弓形，再高举鼓槌重重落下，使出的拼劲，的确能激起全船人的士气去争取胜利。赛龙船的发力十分要紧，在起始、中段、冲刺的时候都不一样，要听从鼓的节奏。车陂等地的广式龙舟在竞赛"回龙"时是不调头的，是由人转身反向扒回去。这就需要协调全船人的行动，此时要听从鼓手发出指令，"回龙"时鼓手从有节奏地发出鼓声转为密集击鼓，通过鼓声的转变示意人们起身反向扒，直到船稳人坐定后，鼓手才打出强节奏要大家加油。鼓手一般要找身材壮硕的人，这样显得够威猛。车陂郝太原龙船会的打鼓手郝世海十分醒目，他的鼓槌是用水芒木特制的，赛龙斗标时打得十分起劲，提起了全船人的士气。可见鼓手的经验、情绪的传递、节奏的把握都成为赛龙获胜的重要因素。

桡手即划船手，俗称"划手""扒仔"，他们是龙舟竞赛的动力之源，扒船讲究耐力和爆发力，扒仔人选必须是青壮年，要求手力过人。在赛龙船时他们划桡的节奏、速度和力度必须服从锣鼓手的指挥，并且根据需要在不同阶段统一采用站姿、坐姿或跪姿。好的桡手水感要好，就是要掌握好划船的节奏和身体的协调性。龙船在水面前进中，桡手要劈波逐浪，掌握划桨的深浅和力度，如果是训练有素的桡手，扒起桨来就像蝴蝶扑花，一闪一闪，划过如白练，非常壮观悦目。新涌口龙船会的李明是经验丰富的龙船桡手，1954 年出生的他 18 岁就开始扒龙船，不但体力好，耐力也好，年轻时每年端午节从车陂走三四个小时的路，回家乡番禺大山村去扒龙船，经常在河上一扒就三四个小时，虽然是高强度的训练，但他觉得十分开心。多年的扒龙船经验，练就他一身划船的好技艺。

"头桡"也很重要，位置在龙船的左边。左桡手已经难找，左头桡手更难找到好人选。头桡座位离水面较高，力气要比别人大，整条龙船的桡手落桨快慢、深浅完全取决于他：头桡一松懈，全队就崩溃；头桡一个小小的失误，都会让可到手的胜利不翼而飞。

船桡多用轻质木制作，尽量轻便，重量每条不超过两斤，缺点是易断，故从前"斗标"时，常见河道上漂浮着因桡手们用力过猛而折断丢弃的烂船桡。现在最新潮的桡是用碳纤维制成的，既轻便又好扒。桡的品牌很多，每支桡的价钱几百至几千元不等。以前车陂龙舟队多用欧洲品牌，现多用国产品牌。

扒龙船最重要的是齐心协力，俗话说是要"齐桡"。桡手的分配要得当，如靠近龙船鼓的大鼓舱会安排一些年轻的桡手，船头、船尾则安排一些有经验的中年桡手。斗标比赛更是讲究速度，因为是斗标，大家都要"搏晒命"（粤语，拼命）。为加速，全体桡手均跃离船位，半站立地起来扒船，船身速度之快几乎跃离河面，那情景真有点像龙腾水上，精彩非常。那一霎间，桡手和龙船真可谓融为一体。

标手是负责在终点时抢标旗的，标手的水性不但要相当好，而且要灵活有技巧。车陂龙舟赛全长600米，在300米处"回龙"折返，标手须在船快速前进时预判回龙位置，一手夺标后才能使全体桡手一起站立转身往后让龙船折返，返程再一鼓作气，才能争到第一。

百舟趁景胜过年

2007 年的车陂龙舟景

2018 年的车陂龙舟景

扛着龙头准备出游

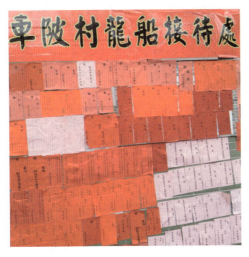

车陂龙船景接待处，张贴了各村兄弟前
来趁景的龙船帖及邀请帖

招景请柬，透过红纸墨
香加上身心传递的，是
一份真诚与情谊

车陂涌宽阔，能容纳多条龙船前来趁景

趁景热闹处,鞭炮声不停

前来车陂趁景的兄弟来吃龙船饭

车陂龙船探亲，满江飘红（郑迅摄）

龙船饭模型

龙舟节期间，车陂祠堂都会摆龙船饭招待。龙船丁寓意人丁兴旺，是龙船饭中不能缺少的菜式。

车陂龙舟文化促进会 供图

龙船饭

起龙

车陂百年龙船景

说起过龙舟节，不少年轻人以为就只有龙舟竞赛这一项。其实这只是龙舟节其中的一个内容，更丰富的文化内涵是体现在富有传统文化的"龙船景"上。所谓"龙船景"，是广府地区端午期间在各水乡举办的一种岁时民间风俗。每年从农历五月初一到五月十八的大半个月内，人们挑选合适的自然地域，摸准珠江潮汐涨落的时段，相互约定龙船互访的时间，今天在此乡，明天在彼乡，每天造一景，汇聚在一村落，进行探访、交流、联谊。此汇聚点，就称为"景"，前去探访的便称为"趁景"，邀请他人前来聚会的称为"招景"。乡村里只要有龙船，就要参与（探访）兄弟村、老表村的"龙船景"。各村之间通过游龙表演，相互比拼龙船技艺、比试龙船装饰，以及通过民众与龙船手之间的交流，来促进各村人们之间的默契，维系乡村间的关系，加强氏族宗亲的来往。这个趁景风俗盛行在广府地区，明代始便遍及广府水乡，清代时更为盛行，形成了约定俗成的公共大景。直到如今，民间仍然保留着扒龙船到各乡村趁景的风俗。

从历史上看，早在北宋年间，皇帝就有在临水殿看金明池内龙舟竞渡的习惯，其中有彩船、乐船、小船、画舱、小龙船、虎头船等供皇帝观赏，还有长130多米的大龙船，伴以奏乐。除大龙船外，其他船列队布阵，争标竞渡，以此为娱乐。

清初学者屈大均在《广东新语》中详细记述了珠江三角洲地区每年龙舟竞渡的盛况：

> 五月时，洪流滂濞，放于百里，乡人为龙舟之会。观者画船云合，首尾相衔，士女如山，乘潮下上，日已暮而未散。龙舟长十余丈，高七八尺，龙髯去水二尺。额与项坐六七人。中有锦亭，坐倍之。旗者、盖者、钲鼓者、挥桡击枻者，不下七八十人。竞渡则惊涛涌起，雷雨交驰。舟去而水痕久不能合。斯亦游观之至侈者。[①]

清康熙《广州府志》载：

> 端午酿角黍，饮雄黄、菖阳酒，缚艾虎于门，五色丝……以辟不祥和，江浒设龙舟竞渡，结队往观。[②]

从以上描述的时间、地点、龙船的形制和热闹的程度，可见如今广府地区的"龙船景"与当年的"龙舟之会"一脉相承。

珠江三角洲地区河涌连贯，光是广州番禺的河涌就有东西水系，如东江水系，涉及增城、东莞和黄埔南岗等；西江水系则涉及顺德、南海、佛山及番禺的沙湾、市桥、石碁、沙头等。再细分还有市桥水系、沙湾水系、新造水系和大石水系等。在这些珠江水系地域居住的人们都会选择一个水面开阔、河涌宽直、岸线

---

① 〔清〕屈大均：《广东新语》卷十八，中华书局 1985 年版，第 488 页。
② 〔清〕康熙《广州府志》。

视野宽广的地方作为龙船景的点。端午龙船趁景的活动日期如同广府地区的"圩日"，有一个约定俗成的排期表，正如屈大均所说龙舟之会"自五月朔至晦，乡乡有之"①。 有兴致的游人大可根据这些排期表，每日到不同的乡村观看，因为这些"景"是天天都不会重复。如清代时番禺的茭塘司就定五月初一新洲景，五月初二官山景，五月初三市头景，五月初四新造景等。清人谢兰生在1820年端午节期间，连着三天相约友人到黄岐、荔枝湾、河南（今海珠区）乡村看龙舟竞渡。记有：

> （嘉庆廿五年五月初四日）平湖（伍秉鉴）招集诸君至赤岗塔下看龙船并乐鼓。（嘉庆廿五年五月初五日）中午与楷屏（黎应钟）同候铭山（招子庸），约同往黄竹岐看龙船，游舫甚盛。晚邀铭山，过船饮极畅，更后还观妙楼。（嘉庆廿五年五月初六日）平湖（伍秉鉴）着人邀往黄沙看龙船……②

车陂涌南临珠江航道口，周边有深涌、棠下涌、程界涌、潭村涌、猎德涌、沙河涌等7条主要河涌。所在乡村每年端午节都有举行隆重的划船活动，又称龙舟赛。此项活动起源于何时已很难考究，据村民回忆，民国初期已经很隆重了。③

已故的苏进泉于2007年农历五月初三在车陂接受采访时称，

---

① 〔清〕屈大均：《广东新语》卷十八，中华书局1985年版，第489页。

② 黎丽明：《清代画家笔下的广州城郊端阳龙舟竞渡》，载《番禺水运网络与龙舟文集》，岭南美术出版社2021年版，第217页。

③ 陈建华主编：《广州市文物普查汇编》（天河区卷），广州出版社2008年版，第907页。

"车陂景"在清代时由官方指定，是公共景，也就是所谓官景，即其他村不管有没有被邀请，都可以扒着龙船到车陂涌应景，车陂村都会接待。清乾隆年间，地方衙门与民间社团共同介入、管理一些闻名遐迩的龙船景，比如初一番禺的官洲景、初三车陂景、初四新造景，还有十二日的新塘景（增城）、十三日的中堂景（东莞）、十四日的南岗景（黄埔）等，这些都是在广州、番禺一带有影响力的上百年龙船大景。官府会根据各村的汛期、可容纳船只的多寡，颁布龙船景日及注意事项。在趁景当日，官方会责成当地"做景"的乡村，以河涌宽度、容船量多少来有序疏导、管放来访的龙舟，避免因过度拥挤而产生碰撞、打架等事故。这些"做景"的乡村，也会小心处理来趁景的船只，除按汛期潮汐涨退、来访龙船的远近等因素安排船只停放外，尤其留意平时就因争水源、有土地纠纷或历史上氏族不和的"仇家"龙舟，将他们尽量错开，不让他们排在一起进涌。如此既保证了趁景的热闹，又减少了纷争。据称，自龙船景由官方介入管理后，龙舟活动的秩序大为好转，打架、纠纷等也大大减少。

车陂乡因与邻乡关系和睦，没有发生大的打架事件，威望高而屡被番禺衙门称赞并排在诸多景点之前。历史上有名的广州海珠区官洲岛的"官洲拜会"，源于清朝官员容天润的策划，至今已有 200 多年历史。趁景当日，各地龙舟来此拜会，官洲人则迎来送往，尽地主之谊。据说自有"官洲拜会"以来，官洲人从未与他乡发生争斗事件。清末番禺衙门还对招景作出了几条标准：凡招景的乡村须具备一定的经济能力，对应景的龙船，要热情接待，供应茶水、饼食或午食；招景乡河涌的长度、宽度必须达到一定的标准，两岸的面积起码可容纳数万名观众；在游龙的入口处，须有容纳一定数量龙船的地方，须妥善指挥，分批进入景区，出来一批，再进去一批；招景乡应具一定的威望，能协调安排不同的村、不同的龙船进入景区，避开可能发生的矛盾，如若发生打斗口角，应具备制止的能力。没有公布的地区不许招景，否则，官府问罪云云。所以，"官景"不是一般乡村能做到的，必须要具备几个条件：一是要有良好的群众基础，二是有良好的扒龙船和看龙船的环境，三是要看村的经济实力，看该村的人脉，以及该村龙船会的"招景"能力。

车陂村是具备这些条件的。车陂涌贴近珠江口，与珠江汇合处的涌口宽达80多米，车陂涌流经车陂村内，车陂村是车陂涌流经面积最大的村落，村内有长达上千米的两岸河堤，其中直河道长达800多米，最窄处有30多米，最宽处50米，可供多条龙舟并排行驶。潮汛期，上午9时至下午5时在车陂涌都能划船。而且，车陂村东西两岸堤线大部分浓荫如盖。因此，车陂涌极适宜各村前来趁"龙船景"。

再说人脉，车陂乡是个富庶之乡，也是和睦之乡，九大姓氏族群、数十个姓氏的千多户人家和睦相处，与邻乡关系友好，趁景期间没有发生打架事件，口碑甚佳，因而屡被番禺官衙称赞，好评排在诸多景点前列，因此坊间便有"不趁车陂景，不算扒龙船"之说。苏进泉去世多年，他所考据的"车陂景是官景，起码有二三百年历史"的说法，一直为后人所认同。

数百年间约定俗成，每年农历五月初三，从上午9时开始至中午，不管刮风下雨，不管有没有收到邀请，周边乡村的村民定会扒着龙船前来趁"车陂景"，这已经成为四乡的一个民间习俗。特别是20世纪80年代改革开放以来，车陂龙船景办得越来越好。每一年的龙舟节，车陂村（街道）为保障活动的顺利进行加强了安全教育，加大活动宣传，扩大影响力，民间对龙船趁景的热情也越来越高涨，来趁景的龙船也越来越多。

在这一天，车陂村人不扒龙船，而是全力做好接待。一大早，周边十里八乡热爱看龙船的民众就来到车陂涌看龙船。以前还要占位置，自己占了一位，还拿砖头、草帽再多占几位，为的是能让亲戚朋友到车陂能清楚地看到龙船。早上七八时，车陂涌两岸便已经人山人海，挤满了前来趁景看龙船的观众，其中不少还是特意从外地慕名而来。如今经过整治，车陂涌看龙船的环境大大改善了，一河两岸建有阶梯和栏杆，人们能够坐在看台上，更舒适更安全地欣赏龙船盛景。

为了办好车陂龙船景日，做好对各方的接待，车陂村人倾尽全力。村委十分重视与支持，每年召开安全会议，提前告诉各氏族宗祠龙船会一要提早准备，二要注意安全。这些准备工作没有白费，近二三十年来，前来车陂趁龙船景的龙船越来越多，以前一般是六七十条龙船，多是附近村落如杨箕村、小洲村、土华村、练溪村、棠下村等，如今是上百条龙船前来趁景。2018年来了200多条龙船，周边的番禺、海珠、黄埔及珠江三角洲地区的龙船都来车陂趁景，是日秩序良好，人们乘兴而来，高兴而返。车陂龙船景传承发展到今日，已经成为广州地区在端午期间群众参与度高、影响力广泛的一大民俗活动。

招景趁景礼周详

传统的龙舟活动有一定的礼节，"龙船景"更有一整套礼数，分别是"招景""应景""趁景"。在这招景礼仪和形式上，车陂人最大程度地还原了数百年的传统文化。

招　景

　　"招景"是向兄弟村落发出邀请。兄弟村收到该"龙船景"地域的龙船会邀请，欣然接受，决定前来，这就叫"应景"。当日，如约派出本村龙船前往该龙船景探访，就叫做"趁景"。"招景"是龙船节的前奏，在每年端午节前一个月开始。作为传统龙船景的定点村，车陂各氏族宗祠的父老都会提前动起来，亲自写好请柬（俗称"龙船帖"），以便在龙船"招景日"前，分别向兄弟村、老表村派发，这是车陂流传百年的传统。龙船帖实际是一张红纸，内容简要明了，上写着："五月初三邀请前来敝乡趁景或吃龙船饭。"由于是手写，写一份就容易，手写数十份就不容易了。车陂龙舟文化传承人郝善楚、苏应昌等人每年都在本祠堂写请柬，每一份都要写好，花不少时间与精力。

　　按传统习俗，各龙船会要找个日子将龙船帖亲自送到每个兄弟村、老表村，这叫做"派帖"。此工作就由各宗族父老们分头去做，不管怎样劳师动众，不管用多少时间，反正要走遍邀请的乡村，逐个将龙船帖送至兄弟村、老表村，以示礼数。尽管时代不断进步，人际交往有越来越多便利的通信工具，如便捷的电话、微信，但人工派帖不会被取替，车陂人始终坚信，透过红纸墨香加上身体力行传递的，是一份真诚、一份情谊。传统的龙船招景方式就这样一直保留下来。

　　2007年农历四月十二日，笔者记录了跟随车陂晴川苏公祠父老苏进泉去派龙船帖的经过。距今已有十多年，尽管时过境迁，车陂人至今仍在延续这个习俗。

　　　蚌湖，是白云区的一个镇，那里有苏氏族亲的另一个分支。这里是苏氏（晴川苏）今年（2007年）邀请的第一家兄弟，从车陂村开车经机场高速公路大概40分钟车程就到了。在车上，负责招景的组织者苏进泉，年逾七十，大家亲切地叫他做泉叔。泉叔告诉我们，以前到这里发邀请，要带上干粮，行足一日，送上帖后，在兄弟家中住一晚，第二日再赶回村。笔者问道，现在的通信手段很多，寄信、手机、传真、电子邮箱不是很方便吗？苏进泉听了连连摆手说，不行，龙船帖是一定要当面送到的，这是一种礼数，是一种感情，不是一个电话、一封信可以代替的。这个习惯保持很久了，年年都是这样，不可以变的。泉叔的口气温文而又坚定。

龙船节非常人性化，每个村的龙船与其他村的龙船有辈分之分，也有兄弟之分，大家都要在龙舟节进行互访来往，作为"车陂景"主办方之一的晴川苏公祠，每年要送的"龙船帖"有四十多个乡村，邀请的有自家兄弟，也有老表（即表亲），最近的就在天河区、白云区、从化、花都，最远的在东莞、博罗。以前是用船送的，如今交通方便，改用车送，也要送三天。送龙船帖是件快乐的事，正所谓"礼尚往来"，晴川苏公祠长老苏进泉所到之处，都受到接受邀请的乡村方面的热情接待。每个村接锣的人接到龙船帖后，贴在公众栏上，让全村人都看到，并诚心诚意挽留送帖的人吃餐饭。但因时间紧迫，送龙船帖的人一般喝口水，歇一下就走。碰到十分热情的，一定要挽留吃饭的也没办法。泉叔说："一到罗家村，他们接帖后经常用'劫持'这招，不让我上车，非要吃饭了再走。"说到这里，泉叔得意地哈哈大笑。

这一天，到蚌湖清河苏氏祠堂的时候，印证了泉叔的说法。一到该村，村中的父老兄弟涌上前来与大家握手，坐在祠堂里喝茶叙旧。坐罢，十时许，泉叔看时间尚早，拿着一叠请柬说急着要走,因为这天要送帖到七八条村。兄弟说:"中午不能走,吃了饭再走,点(怎)可以无了礼数。"强留众人。中午,就在该村祠堂摆了十围(桌),每围(桌)八菜一汤,还有皖酒王、啤酒、汽水、香烟,十分客气。因此,那天的送帖活动持续到晚上逾八时。在当年农历四月二十九那天,车陂村举行斗船比赛,早早就看见蚌湖清河的苏氏兄弟来了,被安排坐在最佳的观看位置看斗船。苏氏的兄弟还细心地将唯一的一把大伞撑在他们的头顶,唯恐下雨会淋湿他们的这些兄弟。[①]

龙船会父老去各兄弟老表村派龙船帖时,经常会发生些意想不到之事。2007年去广州越秀区的寺右乡,笔者又领略了邀请老表村的另一幕轻喜剧。老表村,就是这个村历史上有人嫁到车陂村苏氏人家从而两村之间成表亲关系。

在寺右乡,接龙船帖的是位妇女,因为今日那些男人外出买龙船节的东西,她临时招呼大家。苏进泉叔递给她的邀请帖是五月初三车陂龙船景的趁景邀请,因龙船节的经费有限,无特别的说明,按惯例通常只招呼吃龙船饼。

但这位大姐以往没怎么接触这些事,似乎不清楚这些细微的奥妙,接过请柬,还没等泉叔作个说明,就大大咧咧地答:"好啊,多谢你们的邀请,我会转告村中,到时在你们车陂吃龙船饭,我们大概去八十人左右。"这心直口快的妇人的一顿说话,顿时让苏氏这几个人反应不过来。

[①] 曾应枫等编著:《赛龙夺锦——广州龙舟节》,广东教育出版社2009年版,第72页。

在静默了近一分钟之后，还是泉叔开口说："好，你们来四十人，我请你四桌，你来八十人，我开八围（桌）龙船饭。"泉叔拍着胸口承诺的那一刻，套现在的时髦话讲，真是好有型啊，颇有点一诺千金的味道。后来返回在车上，大家议起此事，觉得有点为难，泉叔摆摆手，说："算了，无论我们自己几艰难，为了礼数，也要想法顶下来。"

"要顶下来"可不是句轻松的说话。由于这是没有预算的开支，车陂晴川苏公祠又要使（花）多好多钱。以一围（桌）龙船饭二三百元算，就要花多千把元钱。虽然村里有些补贴，但祠堂龙船会的经费还是捉襟见肘，且缺口越来越大，需要自筹解决。即便如此，在这个亲情与荷包、礼数和面子的选择面前，他们往往坚定地选择了前者，选择了亲情和传承下来的礼数。①

到乡村派帖是一种礼数，也是乡村乡亲间的一种感情，这种感情不是通过一个电话、一封信就可以代替的。如果有父老去世了，或者有的行动不便了，就由年轻的新人接过龙船帖，去完成派帖任务，年年如此。族人认为，这是上一辈人定下的规矩，不可以变，要沿着这个习俗世代相传。每年都要在龙舟节互访来往，互致问候，这样相互间的亲情才会越来越浓。

应 景

趁景日那天，前来探亲的龙船来到车陂，船上的掌神斗的人

---

① 曾应枫等编著:《赛龙夺锦——广州龙舟节》，广东教育出版社2009年版，第73页。

便上岸找到本姓宗祠，给当地的祠堂父老递上回柬，此为"应景"。主人会将那回柬贴在祠堂大门，昭告村中所有人，某某村来探过亲了。来访龙船掌神斗的人会到主人祠堂先祖神位处，上香祭拜。主人会赠予龙船饼、香烟、茶水等，也送一张红纸作为回柬请客人带回去。这个传统由来已久。龙船帖除了用作邀请之外，还有一个实用功能，就是"开数"。龙船帖在龙船互访时都会交换，然后贴在祠堂、围墙等地方公布出来，以示有哪些村、有多少条龙船来本村探访，若龙船帖越多，那条村就越威风，越有面子。端午节期间的车陂村每个祠堂大门两边的墙壁，贴满一大片红帖，可见此村经济好、人缘好，有这么多人来探访。

因为氏族举办龙船节活动是用祠堂的钱，是公家的数目，故账目要公开，所以除了赞助龙船节的单据要贴出来公开之外，张贴龙船帖亦是财务公开的一种手段，即是表明邀请探亲的有多少人，以此作为"支出凭证"。这也是乡村里最朴素的财务公开。

五月初三"车陂景"这一天上午，车陂各氏族的龙船虽然不出动，但各姓氏宗祠是最忙碌的，因为要全力以赴招呼来自各村的兄弟、老表，还有一些没受邀请但也过来车陂趁景的龙船兄弟。车陂作为东道主的乡村，氏族父老要聚集祠堂，甚至要全族人出来接待来自四乡的龙船。一大早，村中的苏氏、简氏、王氏、郝氏、梁氏、黄氏等祠堂的一众父老都到祠堂迎候，摆上龙船饼及茶水、香烟等等，招待各方到访的亲友，这是龙船节必有的礼数。

车陂村的女子也不闲着，除了要到祠堂帮忙，如见到娘家的龙船来应景，还要准备好两条有头有尾的白糖蔗或一根青竹，竹尾要用红绳扎上一束龙眼树叶、一包饼、一匹布、一封利事（红包），和丈夫孩子一起送到娘家的龙船，以示欢迎他们的到来。来访龙船接到的标就叫"捞标"，并把标绑在龙船的支架上，以示尊重。

发展到后来，老表好友也可以送龙船标，谁家龙船上的标越多就越体面。这是龙船节中的特定礼仪，也体现了乡村之间最淳朴、最原始、最深厚的人际关系。

自改革开放后车陂村恢复龙船以来，村民印象最深的是，每年最早前来趁景的是海珠区南田村（现海珠昌岗街联星南田经济社），他们一大早就从住地扒龙船到车陂涌口，等到河水一上涨，8时左右便烧上大串鞭炮（粤语称"炮仗"），即是告知车陂的主人："我来了！"然后才扒船进车陂涌，扒上三个来回，再上岸给车陂接待方送上龙船回棹。南田村年年如此，年年最早，车陂村众人皆知。

初三龙船景9时后便陆续有龙船进入车陂涌，这些龙船全都装饰一新，打上罗伞，敲起锣鼓，头旗手精神奕奕地站在船头，指挥着龙船在车陂涌三进三出。近年安全意识有所提高，桡手们多是统一穿救生衣，划船动作整齐划一，煞是好看。趁景到热闹处，鞭炮声不停。每条龙船上有专人拿着一竹竿，竹竿的一头绑上一个小箩筐，专门用来燃放鞭炮。这些负责烧鞭炮的人最为勇敢，从进村开始便鸣放鞭炮。烟雾弥漫中，但见火光点点，红色的爆竹碎屑如落雨纷飞，落到龙船，落到河涌上，连空气也沾上了些许火药的味道。若有两船相遇，负责烧爆竹的桡手便马上装好爆竹，有的还故意将长竹递近对方。在震耳欲聋的阵阵爆竹声中，两条龙船在烟雾、碎屑中渐渐行进，恍如腾云驾雾。龙船在涌中扒了三个来回，便靠近兄弟氏族祠堂附近停下，看到对方打招呼，扒手们便上岸递上请帖，喝杯茶抽支烟，然后再往下一景点扒去。一批龙船上岸或远去后，更多的龙船便陆续进入车陂涌，一个上午川流不息。每当一条龙船行驶到嘉宾席附近，便燃放大串爆竹，示意"快来看，某某村来了"。有的龙船不甘落后，赶快扒上前来，向观众示意"我们的船也来了"，并来回表演扒龙船的技艺，让观众禁不住鼓掌欢呼。

龙船景是群龙聚首，不是竞渡斗速度，而是竞艳，即斗"靓"、斗威风，甚至斗谁最有诚意。尽管多数龙船都是在爆竹的烟雾中时隐时现，但每当烟雾渐散，龙船便慢慢现形，岸上围观的人们便对小至龙船上的标旗、罗伞装饰，大至龙船头、旗手的姿势、鼓手的身材、桡手的技艺、陪神的装扮，以至全条船的装饰、来人的数量等方面议论纷纷。1907年第十一期的《时代画报》上载有清代画家谭云波的画作《龙舟竞渡图》，极为生动形象地再现清末广州珠江河上龙舟竞渡的盛况，龙船上各种装饰，旗手、桡手、鼓手的动作都画得活灵活现，与现在车陂景上看到的情景不相上下。

现在车陂景最令人印象深刻的是烧鞭炮的烟雾与震耳欲聋的鞭炮声。一般前来趁景的龙船都会带上一箩筐的爆竹，与东道主村关系亲密的龙船会多烧些，以助兴助威。趁景是各乡村游龙表演的时候，也是许多龙船手狂欢的时刻，车陂景是大景，来自四乡的龙船很多，前来趁景的龙舟要玩的花式也各有千秋。扒龙船的人包括旗手、鼓手、鞭炮手，不但各司其职，而且还要尽力展示各种技巧来赢得岸上观众的欢呼。如鼓手会敲出不同的花式鼓点；鞭炮手会将鞭炮放在用铁丝编织的箩筐中，不停地燃放鞭炮；头旗手在船头指挥打旗，通过打旗将信息传递给鼓手。旗手眼观四面，既要指挥船只避让从旁而过的众多游龙，又要站立在船头指挥桡手扒船的节奏。头旗手站立在船头自然备受瞩目，有民谣唱："扒扒扒，扒龙船，龙船唥唥嘴，大家都好彩；龙船摆摆尾，浸死大肚鬼。"所谓的龙船唥唥嘴，是粤语，就是形容龙船随波浪上下起伏行进的情形。头旗手能稳稳地站在船边那两块长不过20厘米、宽不过6厘米的木条上，随龙船一上一下的节奏，挥舞着手中的旗子，这十分考验平衡力，不容易做到的。趁景时，有些头旗手还即兴地加入自己的拿手动作，卖力地在船头作跳跃表演，还有些化装成各种模样，赢得观众的喝彩。船上船下，锣鼓声、鞭炮声、欢呼声夹杂交融在一起，让人们不自觉地跟着狂欢起来。

趁景日当天，有些关系亲密的兄弟龙船还会带上整只烧猪前来送礼。笔者每年在举办龙船景期间到车陂的晴川苏公祠，必会看到有一两只大烧猪摆在祠堂祖先牌位的供案前。烧猪在开饭时才斩开，分到每一桌，让大家享用。主人当然少不了要还礼，他们会切还一大块烧猪给送礼方，这叫有来有往。

来趁景的龙船要走时，有一个"三退三进"的谢礼仪式，一般是划湿桡两个来回，再划干桡一个来回。干桡就是敲鼓敲在鼓边，不是敲在鼓心，桡手则用桡挑起水花，让龙船行驶得又快又好看，让村民再看个高兴，以示对主人的感谢。直至中午一两点，龙船景才散去。如此盛大隆重的车陂龙船景虽然落幕，但仍让人意犹未尽，因此坊间便流传"未踏车陂龙舟地，莫提睇过龙舟景"的说法。

探亲趁景

五月初三车陂景，车陂人要请兄弟村来，称作"招景"；传统文化讲究礼尚往来，车陂人在"招景"的同时，也要在端午期间去探访各兄弟老表村，作为他们的"趁景"或"应景"。广州天河区（前鹿步司）龙船景约定俗成为：初一石溪、莲溪、珠村、黄村，在深涌举行；初三员村、车陂、棠下、程界、潭村，在车陂涌和棠下涌举行；初五猎德、寺右、杨箕、冼村、石牌，在猎德涌石牌涌（1999年石牌涌已被填平）举行。举行当天远近各乡七八十条龙船齐集，亲戚朋友、各方宾客聚会，一河两岸人山人海，锣鼓声、鞭炮声震耳欲聋。河面上群龙竞渡，水花四溅，场面非常热闹。[1] 车陂村人面广，交往多，端午龙舟节除初三邀请各乡前来趁景，还要回访、探望亲兄弟村和老表村，多达 56 条村，遍布珠江三角洲地区。

端午节那几天，每个祠堂龙船会的安排都是满满的。如郝太原龙船会招景日来访的村有寺右、杨箕、潭村、棠下等村。作为回访，他们一般错开在初五去外村趁景，有时要探访的村实在太多，探不完，郝太原龙船会便于初三车陂景日当天，中午吃完龙船饭，下午就扒龙船赶到棠下趁景。

游龙探亲趁景，是广府龙船的传统习俗。端午节期间，兄弟村落间以龙会友，分别扒着龙船，载着数十人互相探访，互致问候。每到一地，敲锣打鼓，鸣放鞭炮，那场景真比过年还热闹。一来二去、一年两年地积累下来，扒龙船便成为乡与乡之间、人与人之间的情感纽带，时间越久，情意越深厚。喝一杯茶，吃一个龙船饼，传递的是情谊，讲究是兄弟之情。2002 年，郝善楚加入车陂郝太原龙船会并担任理事。从龙船"发烧友"到龙船会管理层，让他感触最深的不是获得了奖牌，而是扒龙船连接起的兄弟村、老表村之间浓厚的情谊。有一年，郝善楚带领龙船队去海珠区大塘村"应景"。对方一见到来自车陂村的龙船，整条大塘村的村民都出来迎接，那热闹的场面让郝善楚至今难忘。

"根据习俗，我们要先扒（龙船）三个来回。大塘村一位父老见到我们还没上岸，就拿起自己的鼓槌也来打鼓助阵。上岸喝完茶后，我们执意要走，却发现不见了鼓槌，原来是当地人为了挽留我们，将鼓槌藏了起来。我们只得留在大塘村吃饭。那年头，村里经济没那么富裕，吃饭连枱凳都没有，大家都是在晒谷场或空地上围

---

① 陈建华主编：《广州市文物普查汇编》（天河区卷），广州出版社 2008 年版，第 910 页。

着吃饭，共聚情谊，那时大家缺钱，但是不缺的是兄弟间的情谊。"

广府水乡兄弟、老表村之间的来往最隆重地体现在龙舟节的互相招景与趁景中。大家扒着龙舟，载着六七十人的兄弟来往，互致问候，亲情友情就这样代代相传下来。

有一年，郝善楚和郝太原龙船会一众兄弟扒着传统龙船去棠下村探老表，到了棠下涌遇上退潮。38米长的龙船搁浅在河涌，怎么办？探老表的礼仪也至关重要，来而不往非礼也。情急之下，全部扒手挽起裤脚，下河滩推着龙船来到了棠下村，送上回礼束，喝过茶，抽支烟，吃过龙船饼后，又下河推着龙船走了一段泥滩，到了水深处再扒船，回到村时已经天黑了。

车陂村的龙船去别村趁景探亲，而有的村落的河涌条件通常都不大好，不是河道狭窄就是水位低，比在又直又阔的车陂涌扒船要艰难得多，很考扒船人的功夫。高地苏与武功苏的龙船与大塘村是兄弟兼老表，每年都要扒龙船到大塘村趁景，就要经过其他村的河涌，又弯又窄，如果迎面过来一条龙船，处理不好，两条龙船就会相撞，叫做"吃蟛蜞（螃蟹）"。这时，长38米左右的龙船转弯就最考验抓艄公的水平，掌舵技术稍有偏差，船体就会撞上闸门的弯位处。尽管如此，车陂人仍然乐此不疲，仍然按照俗例，每年在端午节期间扒着龙船前去探望兄弟、老表和其他乡亲。有时为了赶时间，到达后上岸吃个龙船饼、喝杯茶或抽支烟，最重要的是送上龙船帖后，就接着赶到别的兄弟村、老表村。有时一天连赶四五个村，也是够拼的。

在传统端午龙舟节中，趁景礼数也有几种，成为大家默认的方式。如见到有龙船来探亲，主人"擂锣"，就是请这条龙船上的人上岸喝茶、吃饼。如果主人下来"摁鼓"，则表示要请人上岸吃饭，此时访客不要拒绝主人好意的茶点或饭菜。吃完饭后返回船上的时候则要烧爆竹，来访的龙船一定要在当地乡村的河涌划两三个来回，表演一番，以表示感谢。"抬鼓"就是留人过夜，留人过夜那条村当晚肯定会有大戏（多指粤剧）看，俗称"龙船趁戏"。看完大戏后，每一户村民则带两个受邀的龙船手返回家中住，能够有这种待遇的两村之间的关系都非同寻常。如今，这些礼仪都简化了，乡村的环境大为改善，交通也很便利，村民们在外探亲无论多晚都不会过夜。

龙船美食多姿彩

"食在广州"，此话不假，传统节庆更离不开吃，自古中国文化便有"民以食为天"之说。在长达半个月之久的端午龙舟节，"吃"不但是其中一个重要的内容，而且已形成一整套龙舟食文化，这包括众所周知的龙船饭、龙船饼和端午粽，还有逐渐让人淡忘的午时茶。

龙船饭

清初屈大均在《广东新语》一书中，对珠三角每年端午节期间的赛龙夺锦以及赛后的喜庆龙船饭有描述：龙船"得胜还埠，则广召亲朋燕饮"[1]，这种燕（宴）饮就是人们所称的"龙船饭"。"龙船饭"是端午节的一个民间习俗，有其丰富的文化内涵。首先在敬神时有龙船饭。车陂村一带水乡每年起龙后，要在龙船前摆上两碗龙船饭（有的还加上烧猪肉或粽等食物），再将龙船扒出涌

---

[1]〔清〕屈大均：《广东新语》卷十八，中华书局1985年版，第488页。

口到珠江，此时人们就恭敬地用双手捧着龙船饭送出去海（河），用以敬神，这是祖先扒龙舟的规矩，一直沿袭下来。而笔者以下所述的"龙船饭"是指端午节期间，从初一到十八日村民在扒龙舟后相聚祠堂一起吃的大餐，叫作"睇龙船，吃龙船饭"。

车陂及广府一带乡村宗祠的龙船饭，多是从四月初八起龙就开始在祠堂开伙了。围绕着龙舟节的活动，宗亲父老们有许多事需要商量，如修理、维护龙船，采青，招景，投票定头旗手、头尾艄（公）等安排，确定邀请亲朋好友名单，做好赛龙船与招景趁景活动的安排细则等，还要组织本祠堂的桡手参加扒龙船的集中训练等。总之，扒龙船是各宗祠的一件大事，龙船会的组织者都要集中到祠堂，有商有量，分工落实，这是本氏族组织龙船饭的开始。

以前，龙船饭也被视为"圣食"，村民对此倍加珍爱。端午节那几天，为了沾些"龙气"，那些没有参与扒龙船的村民都会到祠堂讨碗龙船饭，拿回家与自己家煮的饭混在一起吃。祠堂负责分饭的人则来者不拒，无论谁来"要饭"都给。平常讨饭是件不太光彩的事，而端午节那几天，村民讨龙船饭则是件光彩的事，因为据说吃过龙船饭就会龙精虎猛，吉祥平安。车陂村的孩子们都爱扒龙船，有的小孩年纪太小还不会走路的也被父亲抱着上龙船拿一下船桡，沾一沾龙气。当晚的龙船饭，参与扒龙船的孩子们也可以吃。以前，车陂经济没那么富裕，龙船饭就比较简单。原材料有大米（粘米或糯米）、鱿鱼、虾米、冬菇、豆角等，饭、菜做好后再拌在一起，这样既简单，又有营养，口味又佳。也有将头菜剁猪肉、切瓜煮猪肉或者将白豆、辣椒、头菜粒等混合起来炒，或把豆角、猪肉、鱿鱼、冬菇之类切成粒状，混在米饭中，煮成一大锅，寓意齐心合力。划龙船的大人吃不完，总会分给孩子们吃。年过七十的苏文洽回忆儿时放学归家，奶奶就装满一碗龙船饭给他吃。吃着香喷喷的龙船饭，童年的他希望天天划龙船。

如今经济环境改善了，车陂祠堂龙船饭开伙少则十几桌，多则上百桌。趁景日招呼客人的必须要九菜或八菜一汤。车陂最热闹的龙船饭是五月初三龙船景这一天，做好几百桌的龙船饭是各个宗祠及全村的大事，是村落族群文化兴旺的象征；吃好龙船饭是这个节日的重要事项，是村内村外维护宗亲关系的体现。这些意义大家都懂，所以为了做好这顿宗亲龙船饭，车陂各氏族父老与龙船会都会提前筹备。如车陂村的王氏宗祠，会提前在祠堂门口贴出红纸，邀请热心村民参与，征集龙船饭菜谱等。至于烹饪，从村民中挑选一些能烹会炒的"掌勺"高手，通常多为男子，妇女协助洗菜、打杂。祠堂里专门辟出一块地方，将工作人员分成几组，各组负责洗菜、宰鱼、杀鸡等。大灶头专门用砖垒起，烧大木柴，煮大锅饭，炒大锅菜，热气腾腾。

以前的龙船饭是在祠堂煮的大锅饭，通常要做几十到百多桌，要煮好真不容易，要有技巧。如大锅烧开水后，将洗好的米一层层地撒下去，水多会煮成粥，水少则煮不熟，火力控制不好会三夹底（指生、烂、糊）。要煮一锅香喷喷的大锅饭，真是考功夫，绝非是用电饭煲的"一指神功"就能完成的。如今经济条件好了，各祠堂请外面专门做伙食的人来做，从食材到碗筷，从烹饪到卫生都有专人负责，既省心又美味。不过即便是这样，龙船饭中的白米饭，还是多由村民亲自监督去做，这样才能保佑来年五谷丰登，村民平平安安。

2007年端午节，车陂晴川苏宗祠的乌龙公龙船采青那天，笔者早上7点半就赶到祠堂。可比笔者还要早的是包伙食的专业户。一辆挂着顺德车牌的五吨大货车正在往下卸货，十多人忙碌地搬运笼鸡、冬瓜、西芹、蔬菜、碗、筷、酒杯、米、油、盐等。他们是顺德龙山人，专门承接上门包办大小宴席，在这个行业已小有名气。车陂村以及附近的多家祠堂，都请龙山人负责煮龙船饭，价格两三百元一桌。这煮宴专业户不但负责准备食材和烹饪，而且准备碗碟、桌椅、板凳甚至牙签，还负责上菜以及膳后的清洁。请这种煮宴专业户取代了自己祠堂里的烧饭师傅，村民们普遍接受，认为请人做，乐得个省心。

当然，请来的专业户也有准备不周的时候。有一年农历四月二十九是斗船比赛的日子，8点半要给那些斗船的桡手们开饭。这个时候，"伙头军"慌慌张张地跑过来，对晴川苏公祠的父老说没有干柴煮饭。幸好龙船头有经验，留有一手，知道龙船节期间多雨水，及早做了准备。大家马上将祠堂屋檐下架着的干松橼取下来，给厨房"救命"，让大家得以按时开饭。

龙船饭多设在每个姓氏祠堂里，在祠堂里望去，里里外外，一桌挨着一桌，密密麻麻，几十桌饭菜有数百人，各祠堂的乡亲不亦乐乎，整个祠堂热气腾腾，人声鼎沸。

前来吃龙船饭的除了兄弟村的兄弟，也有不少住在广州闹市的乡亲乡里，笔者每年端午就会收到车陂几个不同姓氏祠堂盛情邀请到车陂"睇龙船，吃龙船饭"的电话，还可带上亲朋好友。有时人太多，安排不下，有的祠堂就分成两轮吃。笔者每每问起，全村在初三龙船景那天究竟摆了多少围（桌）龙船饭，都说没有详细统计。村中的苏氏、王氏、简氏、梁氏等宗祠在能摆的地方都摆上桌椅，麦氏宗祠还摆到二三层楼，希望能多招呼客人前来。有的祠堂还从早吃到晚，让前来趁景探亲的亲朋好友都吃上本祠堂的龙船饭。村民们都高兴地说，不数桌数，也不计成本，让大家高兴就是。

是的，村里还有什么比这龙舟节更热闹和更喜庆的呢。龙船饭的热闹是村里龙舟节隆重兴旺的标志之一，车陂村民都把吃好龙船饭，看得比吃团年饭更重要。因为过年吃年饭都是自家人团聚，扒龙船、吃龙船饭是宗族的大聚会，来自四面八方的乡亲欢聚一堂，同吃龙船饭，是氏族兴旺发达的体现。

因为邀请的乡亲多，不能在众人面前丢了面子，所以每年龙船饭，全村上下各祠堂都做足功夫，菜式"九大簋"自不言说，几道最传统的意头菜龙船丁和脆皮乳猪、鸡鱼肉一样也不能少，为的是让每桌的九菜一汤色香味俱全，让大家吃好、吃饱，还要拍手叫好。

龙船饭的菜式，多是大家熟悉的菜肴，正所谓"无鸡不成宴"，当然少不了鸡，因此鸡、鹅、鸭是龙船饭的主打，还有生菜、冬菇、烧肉、芋头扣肉等既饱肚子又有意头的菜式，以及豆角、节瓜、冬瓜、胜瓜（丝瓜）等，再加上传统的豆角萝卜粒炒丁和一大锅冬瓜汤水等，既降火气又祛湿。

以下是车陂村一个祠堂的龙船饭菜单，九菜一汤，鸡鹅鸭俱全，十分丰富：

生炒排骨、荷兰豆西芹炒鹅肾、生炒白菜仔、梅子鹅、瑶柱瓜脯、富贵锦绣丁、大红烧鸭、勇记贵妃鸡、罗汉斋、冬瓜块玉米汤、鸳鸯馒头、生果等。

另有一个祠堂的龙船饭菜单是八菜一汤，有鸡鹅，没有鸭，却有芋头扣肉：

豉油鸡、酸梅鹅、芋头扣肉、丝（胜）瓜滚鸡、蚝油草菇、椒粒炒肉丁、炸腰果、炒青菜、煲猪骨汤。

还有酒水，分别是"大炮"（大瓶装）橙汁、"大炮"可乐、珠江啤酒、皖酒王等，也十分丰盛了。

传统的乡村龙船饭多以"五菜一汤"合成"六"的数字为标准，意为"六六大顺"，期望龙船顺风顺水。如今，又流行菜款寓意，如"八"字寓意"发"，"九"字寓意"长长久久"，"十"字寓意"十足收成"，每个宗祠的龙船饭有多少酒菜，视其经济状况而定。且每个村落的龙船饭菜式都有自己必不可少的、有特定含义的一道菜，如车陂村的传统龙船饭，必有一道辣椒炒豆角萝卜脯粒，即"龙船丁"，这道菜一是寓意人丁兴旺，二是能祛除湿气。材料一般有辣椒、花生、肉、豆角、萝卜脯五种。后随着生活越来越好，龙船丁的样式也丰富起来，比如白果仁、腰果、鲍鱼等都可以切成"丁"炒制。此道菜口感丰富，好下饭，又有添丁发财、多子多孙的好意头。现代人也将其名称由"龙船丁"改为"富贵锦绣丁"。

龙船饭还有一个汤是必不可少的，那就是冬瓜灯芯草煲莲蓬汤。端午节时近盛夏，扒龙船时长时间与水接触，冬瓜汤则刚好是消暑气解口渴的天然汤水。一碗汤水下肚顿时暑气全消。过去，扒龙船回来的人口渴肚子饿，端来一碗白饭，两匙咸羹辣粒，半勺冬瓜水一搅，哗啦啦地吃下，吃完放下碗，又去扒龙船。有时候，扒龙船出去探亲一天，桡手要自带龙船饭，辣椒豆角萝卜脯易带不易馊，是方便携带的理想菜式。现在村民的生活质量提高了，外出扒龙船携带的菜亦鸟枪换炮了，萝卜脯变成马蹄、腰果、肉丁，冬瓜水亦变成冬瓜猪骨汤了。

众所周知，扒龙船是有些禁忌的，那龙船饭呢？笔者做过调查，龙船饭也会因不同的地方有不同的忌讳，即便是在同一个村，不同的姓氏也有不同的习俗。比如天河车陂村王太原宗祠吃龙船饭时，不吃鱼、虾等河海鲜，因为该宗祠的民俗信仰是拜东海龙王；

而同村的苏氏宗祠则没有此忌讳，但他们不吃咸鸭蛋，寓意比赛斗船不能"拿鸭蛋"（意即零分）；而车陂村委会摆的龙船饭则要有鳝鱼，有村民解释说其寓意龙精虎猛。也有在表达上的忌讳，如丝瓜不能直称其名，因粤语中这两字与"输瓜"同音，未斗（船）先输，不吉利，故须称"胜瓜"等，例子不一而足。这真是"同乡同音不同俗，一处乡村一处礼"。无论怎样解释，其实都是表达村民们的良好愿望和祈福求平安的一种心理。

端午节天气很热，人也多，祠堂里有上百人吃饭，尽管吹着大风扇，个个仍吃得满头大汗。祠堂龙船会代表主人家轮流到每桌敬酒，总会先说一句"招呼唔到"（粤语，招呼不周到，谦辞），然后大家齐齐举杯，喊道："饮胜！"（粤语，干杯）将那种喜悦，那种痛快，那种团结的兄弟之情表现得淋漓尽致。

龙船饭以前多是以祠堂为单位集体请的，现在富裕起来的车陂人有不少自己出钱在附近酒楼摆上几桌龙船饭，在五月初三龙船景日邀请亲戚朋友、生意伙伴来看龙船景，吃顿龙船饭，以此联络感情。到酒楼去吃龙船饭，享受着空调，吃得舒服些。每年端午节车陂不少村民都乐意花这些钱，他们认为花得值，认为这为自己和家族的面子争光。

趁景日的龙船饭吃饱喝足后，兄弟村龙船自然要感谢主人家的盛情款待。兄弟村的桡手们跳上龙船，在祠堂面前至少来回扒上两三回，烧鞭炮，然后是龙头在前，龙尾在后，在锣鼓声中徐徐离开车陂村，这才算充分表达了对东道主的敬意。

龙船饼

龙船节期间，只要是有龙船前来村子探访，不论亲疏，村中长老都会敲起铜锣，打着手势，热情招呼前来的龙船靠岸，请兄弟村的桡手们来吃龙船饼。在河上扒龙船的桡手们看到和听到后，也不会马上靠岸停下，反而更起劲地在该村的河上三进三出地扒上几个来回，表演展示一番，以表达对主人的尊重，然后才上岸到祠堂"吃饼"。这就是广州珠江三角洲一带吃龙船饼的习俗了。

现在的龙船饼，其实是普通的广式糕点：杏仁核桃酥、鸡蛋糕、白凌酥饼、红凌酥饼等。不过，这些糕饼有一个共通点，那就是饼身干爽、方便携带，放十天八天都不易变质。从前，经济不好，村民的生活也不富裕，龙船饼就是村中自做的炒米饼。扒龙船是非常费力的事，以前的珠江三角洲河涌多，龙船出去探亲访友就得一整天，桡手们都会将一些龙船饼带在身边，累了、饿了就吃个饼，既可以充饥，也可以借着吃饼的机会小憩片刻。许多村民在回忆中都说，少年时最喜欢扒龙船，因为扒龙船不但好玩，而且有得吃、吃得饱，所以扒龙船是他们少年时在乡村最喜欢玩、最刺激的活动。苏文洽回忆年青时随龙船去探亲趁景，每到一个村就吃上3个龙船饼，那天总共探访了7条村，他就一共吃了21个龙船饼，尝遍了龙船饼的各种味道。那吃饱后的满足与兴奋，使身上的力气倍增，给他留下了难以忘怀的记忆。

车陂传统的龙船饼沿袭了广式饼家的传统做法，一盒送礼的龙船饼分别有白凌饼、红凌饼和黄凌饼，还加上皮蛋酥、五仁酥、核桃酥和鸡蛋糕等，多种多样，男女老少的口味都照顾到了。这些龙船饼馅料丰富，考究功夫。制作白凌饼、红凌饼都须将水、油混在一起和面粉，搓成饼皮，再用猪油和面搓成酥芯，摊在饼皮上。白凌饼大多加白糖、椰丝芝麻等做馅料；红凌饼除上述外，还加瓜子仁、榄仁、芝麻、糖冬瓜等；黄凌饼的馅还加上猪肉酥和叉烧。每种饼还各具寓意：白凌饼寓意五子登科、五谷丰登；

红凌饼寓意荣华富贵；核桃酥则寓意家庭和睦、一家团圆。做好饼后放入烘箱烤 15 分钟，龙船饼就出炉了。

做得好的酥皮龙船饼，酥皮松化成一层层的。以前人们担着龙船饼走在路上，龙船饼随着扁担一悠一晃，风都可以吹得那些酥皮如飞花蝴蝶般，香满一地。

1985 年，车陂村民郝富强、郝善楚办起村里第一家饼店"聚香饼家"，该店做的龙船饼远近闻名，每年农历四月中旬开始，饼房的墙上就贴满来自各村的龙船饼的订单，总量达几吨。郝富强夫人郝巧贤是点心师，做了 30 多年饼，龙船节期间更是作坊全出动，从早做到晚，一天只睡三四个小时。一个节庆下来，算算数目，做了几千斤龙船饼。每个龙船饼成本不高，光做龙船饼就能带来好几万元的收入，做饼虽然辛苦，但他们心里也是快乐的。

乡间流传这么一句话，大意是"平常是冤家，龙船节吃个饼笑哈哈"。以前相邻的乡村为争水种田，总有些摩擦，有时免不了争吵打架。但在龙船节期间，大家都遵循一个潜规则，凡看见有龙船来探亲，不论亲疏，都要招呼过来吃龙船饼。在这个时候，吃个饼，喝口茶，往日的恩怨随着一嬉一笑伴江风而去。正是在这种传统淳朴的"和气生财"的民风下，龙船节作为村落间的情感交流纽带，维系着四面八方宗亲的和睦相处。

2020 年、2021 年这两年因新冠肺炎疫情停止扒龙船，但车陂人还是惦记着这个传统节日，做出独立包装的龙船饼、龙船粽，用快递的方式延续这个风俗，表达了对朋友、对兄弟的节日问候。

五月粽

五月龙船节，粽子是不可缺少的。有关粽子的传说很多，有一说是屈原殉国后，楚国百姓哀痛异常，纷纷涌到汨罗江边用粽子去凭吊屈原。康熙《广州府志》载：

> 端午酿角黍，饮雄黄菖蒲酒，缚艾虎于门。儿女戴朱书篆符，长者簪艾叶、榴花，皆曰辟邪。江浒设龙舟竞渡，以效楚俗，观先后为胜负者辄得赏。

这里所言的"角黍"，即包粽，粤语称为"裹粽"，此叫法是否源自《风土记》"仲夏端午，烹鹜角黍……以象阴阳相包裹"之遗风，暂无从考究，而此世代相传，无论是广府人还是客家人，在每年的端午节，女人最忙碌的事，莫过于"裹粽"，这已是约定俗成的端午习俗了。粽子在广府地区的端午龙舟节里，是每条龙船出海（河）必不可少的。车陂村的苏金炽说，每当龙船出村的河涌口，必须在龙船的船头和船尾各放两只粽子下水，送粽时手要放平，人要弯腰恭敬地从龙船上送出，取"喂龙王"之意，以庇佑龙船上的人平安无事。车陂龙舟扒到珠江口时，也要这样做的。

端午粽馅料有咸肉、豆沙、枣泥、火腿、虾米、香菇等，形状则有三角形、筒形、方形等。车陂传统的端午粽多是咸肉粽，有的配以甜的馅料，形状以三角形居多。

旧时端午节前，车陂村家家户户都要准备粽叶、草绳及肥猪肉、糯米、绿豆等，由家中主妇主持，包一大堆粽子，再用一大缸或锅，烧柴用慢火炖上两三个小时。在那些做粽的日子里，走进村落，家家都会飘出阵阵粽香，煮熟的粽子将用五香粉腌制过的肥猪肉和糯米、绿豆化为一体，让人吃后齿颊留香，回味无穷。近年，乡村人家也少做粽子，更愿意到市场买几个粽回来应应节。

苏京沪曾是车陂村做粽子的专业户。每个端午节他都要做三四百斤的糯米粽。裹粽的工序挺繁复的，光是米就要浸泡两个小时，再沥干，用盐、油拌米，油盐的分量要准确，太咸太淡都会影响粽子的味道。还要泡绿豆，泡到豆壳脱掉，都要花工夫的。对比现在出现的各式用海鲜及高档食材做出的粽子，苏京沪还是喜欢做传统的粽子，粽子里的猪肉要用猪背上那块厚厚的肥肉，而且只用五香粉腌制，用糯米包裹，加上褪了壳的绿豆，用柴火慢慢炖，这样的粽子已经很美味了。2007年端午节，广东电视台新闻记者来到车陂，要拍摄做粽子的专题节目，当记者问苏京沪做粽子有什么秘诀，他诡秘一笑说："正宗传统就是秘诀。"

怎样才是最传统正宗的呢？有说传统的端午粽是三角粽，要用粽叶包。还有一说是狗头粽，是用芭蕉叶包的。因为芭蕉叶的处理手法比较复杂，要先去青再晒干，才能包粽子，而广州很多村子附近难觅芭蕉叶，连粽叶也不多见。

苏京沪伸出那双因扎粽草绳勒出一道道茧子的手说，如果说有什么技巧的话，就是要扎紧粽子，越紧越好。熟练包粽子的老人是用嘴咬住水草绳的一端，手拿着另一端绕着粽子，左一道、右一道地来捆扎。他教身边的孙子说，如果粽子扎得不紧，生火一煮，米就跑出来了，就不成粽子了。

现在苏京沪已不用柴火煲粽，改用烧煤，成本提高了。加上现代人崇尚健康，对粽子馅料要求健康，口味也变了。面对许多条件的变化，苏京沪显得有点无可奈何，如今他已经金盘洗手了。但车陂人裹粽的习俗仍然保留了下来。特别是有老人的家庭，每到端午节前，他们都要准备十斤八斤糯米、五六斤绿豆，然后几家聚集在一起，高高兴兴地裹粽，包好后将粽子集中放进一个锅口直径有一米长的大锅里蒸煮三四个小时，煲好了再各自将粽子拿回家去，分给年轻人，这就是过节了。当然，祠堂也不忘留下几只粽子，用作扒龙船出海（河）时敬祭屈原。

午时茶

端午山草药茶，也叫午时茶，是民间的一种凉茶，适合在端午节前后饮用。在先秦时代，五月被视为毒月，五日则是恶日。《夏小正》载："此日蓄药，以蠲除毒气。"《大戴礼》亦云："五月五日蓄兰为沐浴。"在古代，关于重五是死亡之日的传说很多。孟尝君出生于五月五日，其父母认为"五月子者，长于户齐，将不利其父母"。确实，从前的农历五月，乡村间常常弥漫着有毒的山岚瘴气，毒蛇、蜘蛛、蜈蚣等有毒动物出入较为频繁。民间也认为农历五月初五是一年当中阳气最旺的日子，是毒日。民谣有云：端午节，天气热，五毒醒，不安宁。也就是说，每到端午节，天气开始燥热，蚊虫苍蝇滋生，人易生病，瘟疫也易流行。所以，每年在酷暑来临之前，人们都会借端午在乡村民间进行一次大规模的祛病活动，故端午也有"天医节"之称。据说端午日采摘的中草药药效特别好。湘中谚云："端午节前都是草，到了端午都是药。"是日民间多采菖蒲、艾叶、苦丁茶、葛藤、兰草等，煮水沐浴或晒干入药，或以雄黄酒杀虫辟邪等。

在清代中叶，广州地区一些乡村已有端午上山采摘草药、制作端午药茶这一习俗。史澄《光绪广州府志》（清光绪五年刊本）云："一公所平日预备端午药茶、建曲、沙气、万灵丹、藿香正气丸等药，遇感冒寒暑酌给，或验明延医调治。"如今在广州黄埔区的一些乡村，仍然有端午期间制作、饮用"午时茶"习俗。过去乡村的普通人家贫苦，且远离圩镇，交通不便，看病不易，于是就流行从农历五月初一至初五，家家户户都上山采摘草药，制作端午药茶之俗，以备不时之需。

午时茶是山草药，药方并不是固定的，有的村民一般采摘些布渣叶、火炭母、金银花藤、天星点、淡竹叶等五种草药，将其炒干制成午时茶。有的村民还加上扭肚藤、地胆头、大罗伞、土防风、土经芥、金银花、石菖蒲、火炭母、缕群草、倒扣草（即土牛膝）、水翁花、蒲公英、垂益草、土茯苓、茅根、芦根、紫花地丁、紫苏叶、土牛七、水蜈蚣、鸭脚皮、田基黄、木棉花皮、望江南、珍珠草、凤尾草、金丝草、蛇舌草、金沙藤、鸡屎藤、五指金、九节茶、龙船花叶、玉米衣、哑婆盐等。总之可根据各人喜好或针对每人的不同症状来制作。

人们将从山上采摘回来的各种草药洗干净，再剁碎。煎午时茶前先炒一把米，炒5—10分钟，待米色微黄（中医认为米属正气）后，再将晒制好的草药倒入煎茶的器具中，添上大约三碗半清水，用明火煎至一碗汤水即成。

煎午时茶所用的器具，在过去是有讲究的。一般的煎茶器具为瓷器或砂制陶器，这类器具不会破坏草药的药性，而且有利于药性的释放。现在则不再讲究，一般家用的厨房器具就行；不过，家用器具多为铁制品或铝制品，这类器具对草药的药性有破坏作用，大大降低了午时茶的功效。

午时茶原料多，其配方并不固定，因人因病稍有变化。大人量每次抓两把，小孩量每次抓一把；大人饮用的，草药大约放80克；小孩饮用的，大约放40克，一般常用的药材原料不变，再根据各人的身体状况增减几味药材。

午时茶具有消暑、解毒、散热、祛风、祛湿、止吐止泻等疗效，村民如中暑及伤风感冒或喉咙肿痛、消化不良都可饮午时茶。

这种土制良药疗效不错，一次、二次便可药到病除。由于都是山草药，村民大都知道其功效：火炭母，性凉，清热祛风，止寒热；哑婆盐，祛风，清感冒；地胆头，性寒，清热解毒；金银花，解毒，凉血，清热，对无名肿毒有功效；金沙藤，性凉，清热，治发热，退高烧；鸭脊草，利水，祛湿，利小便，解毒；三桠苦，性寒，清热，祛湿，解毒，止痛；土茯苓，性平，祛湿，去毒，入肝、胃经；垂益草，解毒，治肝等。

这些草药在《本草纲目》中均有记载，大部分都可在当地采摘、挖掘得到，既容易又经济，功效也显著，这都是午时茶能在当地传承和应用上百年的原因。在缺医少药的年代，人们借助端午这一传统的节俗来进行大规模的预防疾病活动，而现今的乡村医疗条件大为改善，但端午要饮午时茶这一传统习俗，对人们的强身健体仍具有积极的作用。端午午时茶现已经成为广州市级非物质文化遗产代表性项目。

盛事收官喜藏龙

再热闹的盛事也会曲终人散，车陂的端午龙舟节一般从农历四月初八持续到五月初五，最长也不过五月初六。到时各宗祠的龙船就逐渐偃旗息鼓，将龙船扒到河涌浅处或船坞里收藏起来。他们把龙船底的泄水口木塞拿开，再用沙包或泥巴压上龙船，让龙船沉入水中，这叫藏龙。藏龙是对传统龙船船体的一种保养。由于龙船的船头、船尾和船身是分离的，船身一般是藏在水里（河道的泥下），龙头、龙尾则供奉在祠堂或者神庙。

新涌口龙船会保留了传统的藏龙习俗，他们是把龙船身藏进河涌的涌底，用湿润细滑的河泥包裹龙船船体，使龙船与空气隔绝。这样保存的传统龙船，历经数十年以至百年也不会腐朽。民间也有一说，最好的藏龙地点是在杧树下，并且一定要在岸边多树的地方，这样落叶才会多，泥土中的养分也会更多。越好的龙船，船身越会乌黑发亮，而深埋在杧树下淤泥里的龙船，正因为落下的腐叶较多，船身也更为黑亮呢！广东夏季时间特别长，太阳光很猛，用坤甸木制成的龙船在长时间暴晒下容易开裂。为更好地保存龙船，南方水乡的先民们想出了把龙船藏在河底的对策。有的龙船会有船坞，龙船就藏在船坞水中。比赛用的标准龙船是用轻型木材比如杉木做成，平时不用藏在河涌，一般是将其悬挂在船坞上，也有晾起在露天阴凉处。

龙舟盛事结束后，还必须要感谢神恩，这叫"还神"，还要有仪式感。车陂村民会请来喃呒恩念吉利语一番，烧上一串爆竹，将请上龙船的神斗送还祠堂，感谢神灵保佑龙舟节和龙舟比赛圆满结束。

2021年五月初八，清溪双社龙船会的尾叔来电告知，当天把重装的白尾雕藏入河涌了。2020年他们把白尾雕接回车陂，由于新冠肺炎疫情，不能大展拳脚，2021年初情况有好转，农历四月八日，他们应"广州国际龙舟邀请赛"之邀而起龙，准备在珠江河上重展风采，但偏偏又遇上疫情反弹，一个月后又将龙船藏起。我们唯有期待来年的端午时节，白尾雕再次"起龙出水"，再展风采。

一

水同舟谱新篇

车陂摆中元供案

2017 年，车陂沙美女子凤船队成立了！

重做白尾雕的船身

车陂新龙进水

给新做龙船挂上罗伞

2018年12月18日，车陂"一水同舟"龙舟文化展览馆开幕

广州市级非遗传承人对学员作训练指导

全民护河描锦绣

　　车陂的龙舟数百年来伴随着以广州市为中心的珠江三角洲的发展，见证了广州地区的城市变迁，成为广州地区最具大众参与度、最具发展前景的传统民俗文化。发展至今，车陂村的龙舟文化更是为保护自然生态环境和社会人文环境等方面做了大量的工作，车陂街道成为广州市创建"干净、整洁、平安、有序"城区环境的示范街道，有力地推动了城区文明程度的提高。

　　"车陂，车陂，占有天时地又利，又有龙船又有戏……"此民谣在车陂脍炙人口，可见车陂的民俗活动丰富多彩，每年除了端午龙船景那几天热闹非常，农历七月十五的"摆中元"也是颇为热闹的。来自四乡的民众在七月十五日前后到车陂沙美梁氏宗祠，观赏传统节庆"摆中元"。所谓"摆中元"，就是人们制作精美的公仔、花灯等，准备一些花果，摆在宗祠里的供案上，祭拜祖先，感恩祈福。车陂梁氏宗族摆中元据说有 500 年历史。老人们依稀记得 20 世纪里最盛大的一次摆中元活动是在 1935 年，那时手工艺展品多至摆到了村口，沙头涌边还搭起了戏台，请来戏班唱大戏；岸边摆有集市，非常热闹。那年来了不少显贵乡绅，靓丽的家眷手戴成串金镯，参与祈福的姑嫂也穿金戴银，在祠堂站岗的保镖还持着枪。后来，摆中元沉寂了大半个世纪。直到进入 2000 年，村中的妇女们看见邻近的珠村"摆七娘"，她们也想恢复，便开始动手做些微型工艺品。那年头，人们仍心有余悸，按照传统旧习俗，女性"摆七娘"不得进祠堂，只能在旁厅摆。有村民便建议，不如恢复传统摆中元，男男女女都可参与，大家做的工艺品就都能摆上大祠堂啦。就这样，车陂数百年传统的摆中元习俗恢复了，吸引众多媒体及民众前来观赏。自此，摆中元风俗每年就大张旗鼓地在沙美梁氏宗祠中开展，车陂成为广府地区唯一保留这种习俗的村落。现代的车陂摆中元提倡男女平等，女性也可以进入祠堂祭拜，可以做手工艺品展示才艺，后来为体现尊重女性，提倡传统好家风，此习俗还增加一项姑嫂礼拜的仪式，选取公认的和睦家庭中的姑嫂作为榜样进行礼拜仪式。

特别难忘的是 2017 年中元节，当天一大早，车陂沙美梁氏宗祠挤满来自四面八方的人，中央电视台与广东电视台、广州电视台等多家媒体闻讯前来，报道这一民俗文化的新气象。只见沙美社区的女子们穿上新做的鲜艳服饰，不但向众人展示了她们动手做的摆满一大桌供案的精美手工艺品，如各式盘花、戏剧公仔、彩扎灯笼，还专门制造一个车陂龙船景的微型景区，使摆中元更加异彩纷呈。除了摆，还有拜，沙美社区的女子们创造了一套拜中元的仪式，把气氛推向高潮。这一天，是值得车陂人高兴的，恰逢"车陂扒龙舟"项目入选广州市非遗代表性项目，男子们兴奋地来到河涌扒龙舟来庆贺。沙美社区摆中元的女子们也跃跃欲试，她们要在那天当主角，男主人们看见大家高兴，干脆向妇女们发出邀请，请她们也下河涌扒一下龙舟。这正中沙美妇女的下怀，她们早就盼望能扒上龙船，20 多个妇女哇哇地大声叫好，回到祠堂拿起船桨就下河扒龙船了。当沙美的 20 来个妇女坐上龙船，在清澈的车陂涌上划出一道道碧波雪浪时，那一张张笑脸、那一声声欢呼真是发自内心的喜悦，她们终于如愿以偿！这在以前是不敢想象的，这次不仅打破女子不能上龙船这一禁忌，而且也为近年车陂涌的整治成果大为点赞。

多年来，车陂的女子们虽然没有扒龙船，但她们每日面对着流淌的车陂涌，看到后来车陂涌河水污染，自己家的男人们扒完龙船后，脏物或沥青沾满身，她们要帮忙用草汁涂抹，甚至用煤油冲洗身体才干净。作为母亲、妻子的每一户主妇，心中也是充满焦虑。那时的她们哪敢下河，如果不是必要，她们还要劝自己的男人或孩子不要下河扒龙船呢。

不能让河涌环境恶劣下去，治理河涌成了车陂及周边村民共同的心愿，但谈何容易。车陂涌自北向南，流经 9 个街道、9 个城中村，有支涌和暗渠 23 条，主涌长度 18.6 公里，支涌长度 48 公里，流域面积 80 平方公里，常住人口 20 多万人，是天河区最长、流域面积最大的河涌，长期位居广州市河涌污染榜前三位。

习近平总书记发出的"绿水青山就是金山银山"的发展理念，鼓舞了广州市、天河区、车陂街及社区（村）等各级行政单位和广大市民群众共同治理河涌的信心。2016 年起，广州市及天河区人民政府将车陂涌纳入广州市重点治理的 35 条黑臭河涌名单，广州市与天河区政府投资 7.5 亿元资金，对车陂涌采取清淤、截污、疏浚等一系列措施。一年后，初见成效，车陂涌逐渐变清，而且重现清滢蛙鸣，妇女也敢下河扒龙船了，这对车陂人是多大的鼓舞！沙美女子们雄心勃勃，不但要扒龙船，还要组建一支女子凤船队，参与护河治水的长期工作。

这真是好消息，组建一支女子凤船队的建议一经提出，便得到众人合力支持。于是，事不宜迟，沙美社区的妇女们自 2017 年农历七月十五摆中元后便开始筹备女子凤船队。一直到成立历时三个月，众人有钱出钱，有力出力，200多名村民为此捐资捐物，订造新凤船。沙美梁龙船会提供了一龙船基地，给女子队做训练场所，车陂经济发展有限公司、经济社、车陂龙舟文化促进会也大力支持她们。

2017年11月23日是个好日子，"天河区官方河长、民间河长共同助力车陂涌生态文明建设暨车陂女子凤船队成立大会"在车陂村盛大举行。一个大会两个内容，标题长了些，却让人看到车陂人的办事效率，中元节才过了三个多月，沙美女子凤船队正式成立，保护河涌的全民志愿队也建立了，这真是件可喜可贺的事情。会上，笔者热情洋溢地赞扬了车陂龙舟的可持续发展，高度评价了车陂女子凤船队的成立，让人感受到传统民俗文化"新时代"的来临，现今女性也能传承车陂龙舟文化，体现了车陂居民对传统文化的珍惜和保护。

女子凤船队启航了。在清澈的车陂河涌上，凤船显得那么漂亮和挺拔，凤头脖颈细长，金黄和翠绿的羽毛相间，还有龙鳞羽翔，凤船船身描绘有五彩斑斓的羽毛。因为是女子划的，凤船主要材质为玻璃钢，其长约15米，宽约1米，可容纳20多人，比传统龙船缩减一半多。

"准备这么久，终于看到凤船下水，好开心！"车陂沙美女子凤船队发起人黄永嫦、黄燕玲等扒着凤船，心潮澎湃，成立女子凤船队的想法已经有了好多年，如今愿望终于实现。年龄在20—60岁间的凤船队队员们也很激动，看到父老乡亲的观念在慢慢转变。以前女子不能走近龙船，现在连阿姑、阿婆都能上船一起做扒（划）手了，一起扒龙船，一起护河涌，男女平等，这是时代的进步，也是车陂人的新时代意识。要做到世代扒龙船，河涌生态的护理需要长期而大量的工作，需要多方力量的支持和参与、官方政府和民间要结合起来，不论是男子龙舟队还是女子凤船队，还有车陂民众等等，都要一齐行动，才能实现河涌清澈、要扒龙舟的愿望。

凤船的鼓声"咚咚咚"地擂响，原本平静的车陂河涌热闹起来，村民们纷纷挤上河涌两岸，看见碧绿的车陂河涌被凤船划出两道波光。新做的凤船坐着20多个身穿红装的车陂女子，她们神气十足，动作整齐，口号响亮，颇有要与男队龙舟一赛高低的气势。众人纷纷为女子凤船队呐喊助威。

新成立的车陂女子凤船队，与其他几支车陂涌"护河巡逻队"一样，既能扒龙船，也肩负着巡河护河的重任。这些深谙车陂河涌环境治理之道的沙美女子，做护河工作一点也不输男人。车陂女子凤船队不论在平时还是在训练过程中，一旦发现车陂涌有不寻常的情况，她们便会马上拍照或者录下视频，说明情况，上传给居委会。居委会再根据照片和视频确定具体地点，马上进行处理。

车陂河涌变得越来越美，村民们纷纷点赞，在原先传唱的"车陂"民谣开头上，加上"好"与"美"两字，更大声地传诵："车陂好！车陂美！占有天时地有利，又有龙船又有戏，又有坑沙省大髀，又有蚬汤渗饭微，唔嫁车陂等几时。"

同心打造新龙船

经过政府、志愿者和居民的共同努力下，"生病"的车陂涌逐渐康复。人们惊喜地发现，水中出现了鱼仔河虾，河涌两岸鸟语花香，人们结伴散步的情景成为常态。

同样地，车陂龙舟习俗的人文环境也变得丰富而多彩，体现在每年一度的端午龙舟节。在车陂河涌上扒龙舟更是村民的一大乐事，近几年间，各龙船会纷纷订制新龙船，全村新增了10条新的传统龙船，截至2021年，全村36—40米长的传统龙船已经有56条，堪称全国乡村中拥有传统木制长龙数量之最。

在传统的农耕社会里，广府地区氏族文化的影响力都会在扒龙舟中得到展现。每个氏族龙船会拥有的龙船数量，扒龙船的历史与战绩，实际彰显的是每个姓氏族群的兴旺、人丁的强健和族群的团结，还有不可或缺的经济能力。笔者在2000年作过统计，车陂村有传统龙船25艘，是广州地区龙舟数量最多的行政村。再加上车陂涌有其得天独厚的地理优势，车陂涌有长达近1000米的两岸堤线，大部分浓荫如盖，其中直河道长达600多米，最窄处有30多米，最宽处50米。这些自然条件使车陂涌很适宜扒龙船，也方便人们观看龙船竞渡。到2021年，车陂村共有56条传统龙船，数量居广州自然村之最，且龙舟形制齐全，有长龙短龙、彩龙乌龙等，龙舟材质多样，有坤甸木、铁楸木、杉木等等。现今，车陂村保存有150多年的武功苏的乌龙"东坡号"龙舟，以及沙美梁的红龙"灿月"等。其中武功苏的"东坡号"至今仍能用于划龙舟表演，获得2016年、2017年、2019年广州国际龙舟邀请赛彩龙竞艳赛一等奖。[1]20年时间，车陂人新做龙船数量增加一倍多，可谓年年都有新船。车陂人拥有的龙船多，前来趁景的龙船也增多，2019年农历五月三日从四乡前来车陂趁景的龙船多达200多条（2020年、2021年因新冠肺炎疫情停办龙舟节）。

游龙探亲、招景、趁景，是远亲近邻进行联谊交流的一种形式，实际通过同姓、姻亲关系形成兄弟、老表，以提醒他们之

---

[1] 摘自《"车陂村扒龙舟"省级非遗项目申报书》（2021年3月7日）。

间某种不可分割的血脉关系。千百年来的民俗龙舟节就是用亲情、乡情的纽带将彼此紧密相连，以增强氏族和村落的凝聚力，而氏族宗亲的血脉关系也通过龙舟文化而得以维系和传承。所以车陂村人以至广府地区其他盛行扒龙船的村民一说起龙舟，都会一脸自豪，纷纷说他们的"威水"（粤语，威风）史，称他们拥有多少条龙船。车陂涌西侧沙美江夏大街的黄氏宗祠，又名沙美黄或江夏黄，分布在车陂村第九、第十、第十一经济社，总人数不多，只有600多人，却拥有12条传统龙船，其中有8条传统龙船和4条标准龙船，数量位居车陂村之最。难得的是这12条龙船条条都能扒，各有功能，其中有条老龙船是造于1957年的。1981年恢复扒龙船后，此条老龙船就在当时所属的东圃公社举办的龙舟比赛中拿了第一个龙船竞渡冠军。以后陆陆续续新做了一些龙船，8条传统龙船中的4条用坤甸木做的，有40米长，专门用来探亲趁景，每条可载七八十人；4条是用杉木制造，专门用来比赛。说起祠堂的龙船，车陂江夏黄龙船会的负责人一脸自豪，说这是众兄弟热爱龙船、喜欢扒龙船、共同努力的成果，也是多年建立的龙船会留下的丰富物业，他们十分珍惜。

近年来，车陂村的12个龙船会只要有足够的经济能力，都会新做龙船。新涌口的村民大多是从番禺大石镇大山村的水上人家迁徙到车陂的，他们天生热爱扒龙船，此前在车陂这里没龙船，他们都会在每年端午期间搭船、坐车加走路花约两三个小时，回到大山村参加扒龙船活动。1999年他们有了自己的龙船，就扒着龙船回去探亲。2020年该社又新做了一条传统龙船，如今该社有3条传统龙船。新涌口社区没有祠堂，2021年处于拆迁阶段，办公室都是临时搭建的铁棚屋，难得的是，他们在办公室旁开辟了一个龙舟文化室，一来让村民有个活动的场所，二来可整洁地放置龙舟头、神斗、罗伞、幡旗（百足旗）、彩旗、船桨，以及其他兄弟赠送的纪念品等。

说到车陂人喜好新做龙船，2020 年最大阵势的一件事是清溪双社重做传统老龙船"白尾雕"。此事为何影响至大，因为是要照原样重新做，这就有难度。除了要有足够的资金，找到好的木材，还要找到技艺好的造船师傅，需要双方有默契，有商有量，才能还原一条既能扒得快又质量好的传统花龙"白尾雕"。

数百年的广府龙舟文化造就了不少百年造龙船基地，其中番禺大石镇上漖村就是其中一个著名的基地，所造的传统龙船以"样式好、密度高、扒得快、够坚牢"而驰名于珠江三角洲地区。所造的龙船有这些特点：一是船板平正直，无论是长约八丈（26.8米）、约十丈（33.8米）或是长约十二丈（39.8米），侧位偏差不会超过 1 厘米；二是掌口密实，木板与木板之间接驳得十分紧密，容不下一根头发丝，而且从不散裂，每口钉眼都是高密度，船体不会渗水；三是因船体而异，船体设计周密、坚牢，并根据每条船所要求的长短阔窄和吃水深浅，对船体的倾斜度、高矮和座位安置都有一套精密合理的设计，使龙船能够扒得又快又稳。此造船技艺经历五代造船匠人的言传身教与苦心经营，所造的传统龙船占据了广东珠江三角洲约八成的传统龙船制造业市场，还远销粤港澳及东南亚。上漖一带出现了不少做龙船的名家。其中一位是名叫黄寮（1879—1944）的工匠，黄寮家境贫苦，外号"聊斋"，因为他头上长有一个卵状的肉瘤，因此又被同族人戏称为"鹅髻"。黄寮自幼就拜黄弘师傅学习造船的工艺，由于自身勤奋加上肯学，又有心思，逐渐地，他制作传统龙船的技艺在珠江三角洲一带闻名遐迩。

龙船的制作首先讲究选料，以往造传统龙船均用硬质木，多用坤甸木和铁楸木，且多是从马来西亚等东南亚国家进口。当木料选好后，工匠还要选择良辰吉日为新木料开线落墨，为第一根立起来的龙骨架簪花挂红、焚烧香烛，以示庄重。接下来便是整条龙船制作的开始，其具体工序为：扎底骨、制脚旁、上大旁、扎彩盘及绞栓、钉龙根、造坐凳、钉花旁（外板）、钉夹旁（内板）、装弦口、扎龙缆及将军尖等十大工序。十大工序要完成如下12个组成部分的制作：龙骨、脚旁、大旁、龙根、花旁、夹旁、弦口、彩盘、交山、坐凳、龙缆及上油打磨尖等，而技术最精细的要数衔接的掌口（指的是木板与木板之间的接驳口）了。完工后再作打磨及上油，再择日下水。一条龙船就完成了。

要把一条龙船做好，工具的配备很重要，以前科技落后，工具原始，大多都是用手工来操作，比如造桐油灰，以前是专门一人整天用木槌来打都不够用，而现在采用了用电控制的制油机，则快得多了，不过现今多采用聚氨酯来代替桐油灰。其他工具比如木刨、铁锯、木钻等都全用电来控制，特别是锯大件的木板，以前"开料"锯木板时，要两个大汉用尽力气一来一往地锯，既费时又费力，现在采用了先进的电锯、电钻、打磨机等，不但又快又精确，而且省时又省力，使龙船质量越来越好。

造出一条好的龙船，即村民们戏称为"靓仔"的龙船，不仅可以保证桡手的安全，也更容易乘风破浪，夺冠的可能性就大大增加了。造船者不仅需要经验和手艺、还需要动脑以及细致的观察，在番禺水乡长大的黄寮，从小就对龙船的构造十分熟悉，为了造出好龙船，他经过一次次的研究，并根据珠江三角洲的南亚热带海洋性季风气候常常受到台风侵袭的情况，考虑到端午节正值"龙舟水"时期，容易给龙船的航行带来一定的危险（龙船行驶的时候，受到波浪横向冲击以及上下浮动跳跃的巨大冲击力，船体很容易被破坏，甚至有船破翻沉的危险）。黄寮观察了大大小小的船只，经过反复地试验，终于掌握了其中的奥秘，造出了上等的龙船。他所造出来的传统龙船，长约十二丈（37—39 米），以三段优质的坤甸木拼接而成，还用较厚的木料安装"龙骨"，船内又辅以几十块隔舱板，再压上一条用上乘木料做的贯通全船的"龙筋"，这样一来，龙船的韧性便大大增加，能抵受住更大的风浪了。安全有保证了，那么速度呢？黄寮也有自己的一套窍门。吃水线以下的舷板，他使用了薄一点的木料，以减轻船底的重量。除此之外，他还十分注重龙船的整体弧度，以使龙船在航行时更为流畅。为了保证龙船的质量，他对开线、锯板、拼版、入榫等重要的工序都制定了严格规定，在制造过程中他还常常亲自检查、亲自动手。

黄寮这一精益求精的态度，保证了从他手里出品的龙船皆成为精品。因此，番禺一带有名的龙船不少出自黄寮之手，如番禺大石南浦东乡村的"西约"龙船，曾于 20 世纪 30 年代获得"通海第一"的锦旗，当时相当于全省龙舟赛的冠军，好不威风！此外还有番禺石楼茭塘村黄姓的龙船，于 1957 年参加广州市海角红楼龙舟赛，誉满羊城。

端午龙舟竞渡，是岭南地区的一项重要习俗，乡民重视这个节日，认为跟过年一样重要，拥有一条龙船，是一件很威风的事情。也正因为如此，自明清以来，很多乡村不惜重金礼聘，请来造船名师为本村制作龙船。黄寮师傅是名师，因此一年到尾，多数时间都在外造船。他有一身好技艺，却从不摆出高高在上的姿态，为人正直、宽厚，从不向人家索取高额报酬，一旦接下订单，便努力专注于其中。他对龙船的深深热爱充实了他的生活，虽然造龙船没有给他带来多少金钱上的收益，他也没有留下多少积蓄，连房屋也没有置上一间，但他是快乐的。他忙碌了一生，给儿孙留下的是一手造龙船的好技艺。他的长子黄辉、次子黄福均继承父业，孙子黄滔、黄铭根，曾孙黄林初、黄剑挺等，也相继传承了祖父的手艺。祖孙四代，成为番禺以至广府地区赫赫有名的造船名家。经他们手造的龙船，可以说是多不胜数，不少还是多次获奖的明星龙船，如广州黄埔区长洲镇的上庄"曾氏"龙船，曾获得长洲赛区"三连冠"；番禺新造练溪村的"霍氏"龙船，获得1987年番禺"莲花杯"赛亚军；广州白云区石井村的"庆丰"龙船，荣获该区"太阳岛杯"赛冠军；还有荣获1987年番禺"莲花杯"赛第一名的石楼镇大岭村"白桡"龙船等。车陂武功苏的大乌龙（即"东坡号"）的维修也是送到这里，车陂村的传统龙船多出自黄氏世家。2020年，车陂新涌口新做的传统长龙，车陂清溪双社重做的传统龙船"白尾雕"都是在黄氏世家订制，并由第四代龙舟制作工匠黄剑挺承接制造。

黄氏世家的造船厂位于番禺沙滘岛中河涌边上，有七八个船排，每个船排里都架着正拼装或维修的龙船。黄剑挺于1975年出生，虽然年轻，却传承了太公黄寮独创的造船掌口技术，将木板无缝接驳，即在长近40米的龙船接缝处都容不下一根头发。这是造龙船的关键，掌口要求在不用钉子和胶水的情况下，靠人工凿出咬口，再用锤子敲打将两块木板无缝拼合。掌口一旦做不好，整个木板甚至整条船就只能作废，要学会这关键的掌口技术，一般要学十年，而黄剑挺只花了三年时间就学会了，这是因为他小时候常常跟着父亲去看造龙船，是吃各个村的龙船饭长大的。他最难忘是在20世纪80年代改革开放后，他跟着父辈到各乡村造龙船。那年头，造一条龙船要耗上两三个月，日晒雨淋，工作挺辛苦的，但也有快乐的时候，就是在造船期间吃"百家饭"。

一到饭点，村中各家各户都轮着邀请龙船师傅到家中吃饭，村民们视龙船为神，能造龙船的师傅也是神，能够请到龙船师傅来家中吃饭是件很荣幸的事，村民肯定要宰鸡或杀鸭，那年代物质还是相当匮乏，而龙船师傅却几乎餐餐有鸡吃，享受贵宾式的待遇。还有令黄剑挺难忘的是，当某个村扒龙船赢了冠军之后，父亲带着他去该村吃龙船饭，一走进祠堂，就听到有人大喊"黄师傅来了"，顿时全场的人起立鼓掌，热烈欢迎。这样明星般的待遇，令黄剑挺毕生难忘，他后来才慢慢悟出，村民是因为热爱龙船所以才如此敬重造龙船的师傅呀。黄剑挺年轻时外出闯荡多年，后来见父亲年纪大了，便回家继承祖业，成为受欢迎的造龙船师傅，他才体会到父辈所说的最开心的事，就是看到自家造的龙船在比赛中取得名次，听到村民们的称赞。

如今经济环境与自然环境好了，造船不像以前分旺季、淡季，而是一年四季都忙。过去做一条约40米的龙船要耗时两三个月，如今机器替代人手锯木，技术虽然改良了，但对工艺的要求也越来越高。上漖村造船厂传承了传统造龙船的"独门秘笈"，并大胆革新技术，改良了龙缆和掌口技术，让龙船可以做得更窄更长，还有侧立偏差控制、钉眼处理、船体设计等，其中，难度最高的是掌口技术，这是基地最引以为傲的技术创新。所以前来找他们帮忙维修、保养传统龙舟的客户不少。1982年，沉睡在河涌多年的车陂武功苏（晴川苏）的百年老龙"东坡号"（乌龙公）起龙后，就入该厂进行大修与保养。以后几年一次的龙船保养都交由他们负责。2021年"东坡号"起龙后，就直接送到这里进行维修保养。他们相信黄剑挺等师傅会根据该龙船所在村族的历史传统来进行维修，进行个性化的保养。

上漖龙舟制作技艺历经五代龙舟制作匠人的薪火相传，2018年被纳入广东省第七批省级非物质文化遗产代表性名录扩展项目名录。

雕刻龙头是另一工艺。2010 年以来在广州及珠江三角洲地区涌现一位雕刻龙头的新秀张伟潮。车陂村新做龙船的龙头大都交由张伟潮打造。2020 年新做的新涌口村传统龙船的龙头、龙尾都出自张伟潮之手。据悉，2022 年北京冬奥会开幕式倒计时视频里的"龙舟头和龙舟尾"正是张伟潮的作品。

张伟潮于 1987 年 10 月出生于黄埔区下沙村。下沙村临近珠江主航道，河涌穿流村间，村民们十分热爱扒龙舟，张伟潮的父亲张国南是从艺多年的老木工，改革开放后各村逐渐恢复了龙舟活动，找他订做龙头龙尾的乡村便多了起来。张伟潮自小不但喜爱看人扒龙舟，还喜欢动手砌龙舟，稍大些便偷偷动用父亲的工具学做些龙舟模型，那些龙头做得似模似样。张伟潮在 10 岁时便做出了第一个龙舟模型，受到同学们的赞扬。张国南见儿子如此喜爱这门手艺，便将龙头龙尾制作技艺传授于他。从此，张伟潮就立志将这项技艺发扬光大。2003—2008 年，张伟潮就读于广州港技工学校，不但参与组建龙舟爱好者组织，成为网络上小有名气的龙舟文化爱好者，而且制作技艺突飞猛进，他的龙舟模型制作得十分精细，一般以 1∶16 的比例对龙舟上的大小部件进行等比例制作，龙头雕得仅为拇指大小、罗伞、神龛、龙舟旗、铜锣、龙船鼓、龙船桡等部件皆小而精致。大专毕业后，张伟潮本来可以在广州港技工学校留校任教，但他一心要传承龙头制作技艺，要出来创业。家乡父老也支持他，作为村里扶持传统文化的一项举措，把村中闲置的张氏宗祠让给张伟潮成立龙头制作工作室，让其有施展技艺的空间，张伟潮也成为最年轻的专职龙头制造者。年轻的张伟潮开始接龙头、龙尾制作的订单，他肯钻研技术，善于吸取前人的长处与经验，用心做出有特色的龙头。他接单要为某村制作龙头，在设计前，他会详细了解该村扒龙舟的历史和文化，以及该龙舟曾经发生的故事及其民俗特性。

这几年车陂的沙美梁、郝太原龙船会等都找过张伟潮订制雕刻龙头，或请其按原貌复刻，加以修饰。2020 年初，车陂新涌口龙船会要新做一条传统龙船，找到张伟潮定做一个新龙头。张伟潮接到单后，先作龙舟文化的摸底调查。他了解到车陂新涌口的村民乃"水上人"，渔民以上岸聚居为主，村民多与水打交道，若是威武的龙头更有利于震慑"水怪"，有利于保佑渔民。张伟潮心中有数了，在设计上加以当代工艺的审美创作，立体地、强烈地表达出"龙"的威武神态，而青绿主题五行属"水"，符合渔民使用习惯。张伟潮为新涌口设计的龙头是"瞪眉突眼青鼻獠牙突耳也"，寓意威武、骁勇且有个性，得到村民们的认同与赞赏。

张伟潮将龙头当作村落文化的象征，认为龙头应体现出祖辈传承下来的人情味和精气神，因此在每个村落前来订制龙头时，他都充分了解该村不同姓氏的信仰习俗，如该村拜北帝，他便在龙头面部后面设计了七颗珠子，形象地在龙头上表现出北帝七星旗，制作了一个既十分威武又突显本土特色的"七星飞龙"龙头。总之，他根据客户的审美需求及龙船的用途，量身定做，用不同的图案进行创意设计，使龙头成为本村文化密码的传承载体，制作专属此村的龙舟头，从而区别于流行的"大众款"。如用于比赛的龙船，龙头便是精神抖擞、凶猛威武的；用于探亲的龙船，龙头则是祥和慈善、面带笑意的；用于女子扒龙船的，龙头面部更为圆润祥和。这些突出的特色都细致地表现在龙头的眼神、嘴角等设计上。张伟潮在雕刻龙头时，除了全面掌握雕刻技法，还自制一套凿、刨刀具，将龙头雕刻工序系统总结为粗雕、细雕、精雕三大环节，工序较前人更为精细化和标准化。在制作木料上，张伟潮多选用 20 年以上树龄的野生香樟木，其木质细密、纹理细腻，且呈金黄色，雕成的龙头使用寿命据估计可达上百年。

此外，张伟潮还有一门手艺，就是精通修复老龙头，将龙头原貌修复或做成龙舟模型。这门手艺很受广府一带水乡的喜爱，因不少乡村都保存一些老龙头，有些保存数十年乃至上百年，长年的使用与碰撞，往往破损较多，因而张伟潮需更加用心，在修复前会充分打量细节、揣摩刀路，尝试理解当年制作者的雕刻习惯，把握该龙头给人的整体感觉，从而在草图上设计出老龙头的原貌，接着对破损、掉色、虫蛀、开裂等处加以细致维修。在龙头的 1∶1 复刻方面，张伟潮用卡尺精确量出原龙头每部位的尺寸和比例，从而原貌复制出一件新龙头。车陂武功苏龙船会的百年"东坡号"老龙头的维修保养，便是忙碌的张伟潮接的新任务，他要再造一个新龙头。

村民的传统习俗是将龙船当作一条真龙，所以要为新做龙船选择好日子举行一个隆重的进水仪式，龙头、龙尾簪花挂红，然后鸣放鞭炮，擂响船鼓，请人念颂吉利语，在河水上涨时众人合力推出船台到河中扒上一圈，才算完成新船进水仪式。车陂近年龙船数量发展迅速，2018—2020 年，车陂村新做了 4 条龙船，现已有 56 条龙舟。每条新做传统龙船的制作费用多的达十几二十万元，如"白尾雕"用较好的艄木制造。费用较少的用杉木制造也要好几万元。这些新做龙船是由各龙船会认捐与众筹的，是大家的事，所以新龙船进水，如同欢庆新生儿落地人间一样，各氏族龙船会举行的进水仪式隆重而热烈。

2020 年 9 月 25 日（农历八月初九），笔者在番禺上漖造船基地，见证了车陂清溪双社龙船会举行的新做翻装传统龙船"白尾雕"的进水仪式。上午 7 时半，清溪双社龙船会的龙船头苏文洽就从车陂村来到番禺洛浦街上漖龙舟制造基地黄善龙船厂，提前打点"白尾雕"进水仪式的各种事情。

是日 8 时，车陂的法师喃呒恩到位，为进水仪式做准备。喃呒恩是车陂村人苏庆恩，他继承了家族做法事的本事，龙船进水是一大隆重的仪式，当然少不了他。这次为新造"白尾雕"举行进水仪式，喃呒恩专门带来一只公鸡，那鸡冠的血要用作点睛，还准备有沙姜、朱砂及毛笔等，并带来一桶泡着黄皮叶、龙眼叶的水，称为"圣水"。准备新船进水前，喃呒恩忙碌地将纸符一一贴在龙头、船身、龙尾等各部位，以及龙船的神斗、锣、鼓和船桡上，确保新船进水平安。苏文洽用红丝绸做了一个花红，附上一束青绿的松柏叶，将其扎牢在龙头上。"白尾雕"不是传统的龙头，而是一块直径长约 22 厘米的圆镜，村民为龙头簪花挂红，如同为出阁的新娘上妆，寓意喜庆吉祥。

9 时半，车陂村清溪双社的大队人马到达。他们先在村里祠堂祭拜后，才乘车来到上漖船厂。近 100 个壮汉身穿社里统一订制的、印有"百年传承车陂老龙白尾雕"字样的新汗衫，戴传统的编织草帽，气昂昂地来到造船基地。他们一看到重焕光彩的"白尾雕"，喜不自禁，争相和龙船合影留念。

上午 10 时，进水仪式开始，喃呒恩敲打法器，点上三炷香，用笔点上鸡冠血及珠砂浆，给新龙船点睛，寓意生生猛猛。苏文洽则向人群洒上"圣水"，寓意驱邪吉祥。众人点燃一大串鞭炮。阵阵硝烟过后，壮汉们各就各位，一父老鼓手跃上龙船，敲起大鼓。随着阵阵锣鼓声擂响，来迎接"白尾雕"的乡亲们站在新龙两侧，用手臂扛起全长 39.88 米的龙船，和着铿锵的锣鼓声，喊着"嘿嗬、嘿嗬"的号子，铆足劲儿，一步一步地将船体往前推送。开始的十来米是艰难的，需要大家齐心协力，才能将架在岸上的龙船送进河涌。一米两米三米，长长的"白尾雕"随着众人有力的步伐慢慢前行。到了，快到河涌边了，龙船头开始进水，很神奇，一沾上水，水的浮力就将船体托了起来。船的行进速度加快，随着船的滑行，壮汉们一个接着一个地顺势跃进龙船，拿起船上的桡，扒起来了。龙船越行越快，不到几分钟，新造传统老龙"白尾雕"就从岸上划进河涌，在河面浮游起来。众人拿起船桡，随着锣鼓的节奏，用力扒起来，河涌上再次烧起鞭炮，"白尾雕"顺利进水，鼓声欢快起来，人们欢呼起来。

原本安静的"白尾雕"一到水里就"生猛"了。旗手在船头打旗，鼓手敲着轻松的鼓声，那 70 名穿着整齐统一汗衫的扒手欢快地在河滩扒着船，扒三个来回，向番禺上漖造龙船基地致谢，向前来参与进水仪式的人们致礼。

新龙船游出了河涌，要回车陂村，但番禺上漖村与天河车陂村有一定的距离，如果像以往由村民用桡将新龙船扒回去，需要大半天的时间，如今条件好了，出于安全与时间考虑，此次就用机船拖回去。到了车陂村，仪式仍然不能少，村边的涌口会有一条老龙扒出来迎接新龙"白尾雕"进村。一老一新，一迎一接，新做的"白尾雕"回到车陂，还要在河涌扒三个来回，向乡亲们致礼，才算安家落户了。

龙舟文化展新颜

近年，随着广州市城市建设的高速发展，拥有三个地铁口（车陂、车陂南、东圃）的车陂村，已大步向城市化迈进，车陂的经济环境与生态环境越来越好，人们的生活早已提前步入小康。尽

管车陂村在 1999 年 5 月由全村村民投票同意撤村改制，成立"车
陂经济发展有限公司"①，隶属车陂街，但村里原有的 56 个姓氏、
12 个大氏族祠堂、12 个龙船会没有变。将历史悠久的车陂龙舟
文化更好地传承与发展下去，这是改制后的车陂要做的事。

在此不得不提到一位年轻的车陂人，他就是车陂经济发展
有限公司文企部部长、车陂龙舟文化促进会党支部书记苏志均。
1984 年出生于车陂的苏志均，属于隆兴苏氏宗族，算起来还是苏
东坡第 27 代传人。他的经历与车陂其他年轻人一样，在车陂河
涌边长大，他珍贵的童年记忆，便是儿时与同村兄弟爬上村里的
大榕树上看龙舟。每年端午节的车陂龙舟景让他深切感受到家乡
龙舟文化的丰盛。后来他考上华南师范大学，学的是人力资源专
业。大学毕业前去当了两年兵，转业后又在外资公司工作了几年。
在外摸扒滚打了几年，干出了些成绩，但他一直关心着家乡，留
意着家乡的变化。他为家乡有历史悠久的"车陂龙船景"而自豪，
同时也目睹了车陂村从传统农村变成城中村的变化。大量来穗人
员涌入，村民用地逐渐建成出租房，村民的生活水平提高了，但
清澈的车陂涌却逐渐变脏变臭，生活污水与周边工厂污水大量排
向涌里，河涌垃圾飘浮，散发臭味。富裕起来的人们也逐渐在变。

2010 年，苏志均听从家乡的召唤，回到车陂村委会工作，并
暗暗立志，一定要尽己所能，为车陂的河涌治理与文化建设出力。
他从最基层的工作干起，先是在村治安大队参与分管村的物业管
理及地方治理。他每天骑着摩托车，在狭窄的城中村里的街巷间
穿梭，解决拆迁、回迁的村民们的纠纷，充分了解到乡村变为城
镇，由贫穷转变为富裕的村民们的各种思想状况，认识了富裕起

---

① 广州市天河区车陂村民委员会编：《车陂村志》，中华书局 2003 年版，第 12 页。

来的村民及村经济的发展脉络。在最基层最繁杂的五六年工作中，苏志均边工作边思考边学习，报考了武汉大学在职研究生的软件工程班，三年后获得硕士学位。学习使苏志均拓展了视野，工作实践使他积累了经验。苏志均开始重新认识高速的经济发展给车陂村带来的兴与衰、利与弊。经过进一步的思考，他首先将目光聚焦到了车陂村传统文化的保护和传承上，要将传统龙舟文化的精髓留住。

"不趁车陂景，不算扒龙舟"这句俗语在广州以至珠江三角洲地区流传上百年。龙舟与河涌孕育出独特又丰厚的车陂龙舟文化，成为车陂村的一大文化名片。可惜，长期以来，车陂村似乎并不那么重视这个文化名片，邻近的黄埔区扒龙舟早在2008年已经申报成为省级非物质文化遗产项目，而人们熟知的车陂龙舟没有得到任何认可。加上那些年经济好了，乡村变成城镇，龙船照样年年扒，但车陂涌污染越来越严重。每年端午在河涌上划龙舟的村民们，身上溅上不少脏水，还有油迹，必须用汽油擦洗才能洗干净。河涌环境的改造迫在眉睫。2016年，广州市、天河区及车陂村各级部门开始整治河涌，车陂涌列入重点整治的35条黑河涌之列。工程虽然艰难，但前景是美好的。这更让苏志均想到未来，决心一定要刷亮车陂村扒龙舟这张文化名片。除了整治河涌环境，也需要提升本村龙舟文化软实力，他首先想到要将"车陂村扒龙舟"申请为市级非遗项目，名正言顺地吸引更多的年轻人参与进来。于是，2016年苏志均要做的第一件大事是要为车陂龙舟文化申遗。

申遗工作得到车陂经济发展有限公司的支持，但是村里没人有这方面工作的经验，工作量大，整理历史资料既琐碎又麻烦。苏志均主动承担起这一系列琐碎的事项，并组织起一支团队，着手开展"车陂村扒龙舟"这一传统项目的调研，走访村中老人，采访、发掘整理资料，组织相关座谈会。经过努力，"车陂村扒龙舟"终于在2017年成功申报为广州市第六批非物质文化遗产代表性项目。消息传来，村里一片沸腾，大家都觉得非常振奋和大受鼓舞。

申遗成功后，如何保护，这是每个单位必须面对的问题。有些非遗申报单位开始依赖政府部门，后来又当包袱般甩给一些文化公司。"车陂村扒龙舟"项目不能这样，车陂人爱扒龙舟，以往主理的是村中九大姓氏宗祠，如今成为市级非遗项目，车陂村委会作为申报主体，需要成立一个统筹全村的民间团体来共同保护。2017年，在苏志均的倡导下，得到车陂村委会与龙舟爱好者的支持，成立了车陂龙舟文化促进会，由车陂经济发展有限公司副书记麦子豪任会长，苏志均任秘书长，兼任车陂龙舟文化促进会党支部书记。

一切向好的方向发展，车陂龙舟文化影响四方。2017—2018年，各大新闻媒体频频报道车陂文化，广州一新闻媒体还在车陂常设工作站，公众号"车陂同舟"的访问量猛升，几乎每两三天，就有发出有关车陂文化建设的报道。

2018年12月，车陂"一水同舟"龙舟文化展览馆建成开馆。展览馆有上千平方米，格局与布置高档。走进展览馆展示厅，首先映入眼帘的是一条传统老龙船，龙船上摆放船桨，馆内还有百年龙船鼓。展览馆分成六个馆区，包括车陂宗祠文化介绍、龙舟文化传统习俗、龙船制作工艺流程、龙船组成部分介绍、车陂的传统民俗活动、车陂招景与龙船饭的现场重现等，展示内容有实物、图片、文字等，内容丰富多彩。展览馆还融入了不少多媒体元素，让观众能身临其境般观赏车陂龙舟盛会、欣赏车陂民俗童谣，观赏累了还可以到展馆内的多功能展厅小歇一下，看看文创产品，挑选一两件喜欢的带回家作纪念。馆内还设立一个会议室，可供演讲学习与开展论坛。

据苏志均介绍，车陂人一直都想建一个龙舟文化展览馆。当他们知道车陂回迁新的小区有预留一栋公共建筑，就向车陂经济发展有限公司建议将此处用作建设一个龙舟文化展览馆，使车陂村在变成城市的一部分后，还能保留一些原汁原味的物件，能为乡亲们留下记忆、记住乡愁。展览馆既能展示车陂村的龙舟文化，也使车陂龙舟文化促进会等团队有了活动场所。于是，经车陂经济发展有限公司批准，在广园快速路旁的车陂村一新开发小区里，留下了一块 1300 平方米的公共空间，由公司拨出专款装修建成展览馆。其他的征集展品工作，由车陂龙舟文化促进会发动车陂村民捐助，大家共同建设龙舟文化展览馆。

1000 多平方米的展览馆，要向全村及社会征集龙舟文化文物，公司没有这笔预算，全由苏志均、简炽坚等人带头，到一个个祠堂里去动员、征集。

村民们一听说村里要兴建一个 1300 多平方米的龙舟文化展览馆，多年的愿望要实现了，反应十分热烈，并大力支持，纷纷捐献出宗族及家里珍藏的各种与龙舟有关的物件，其中不少物品已有数十年乃至百余年的历史，十分珍贵。如郝太原龙船会捐献出珍藏的百年"大乌龙"留下的"侯王鼓"。晴川苏公祠（武功苏）龙船会捐献了百年"乌龙公（东坡号）"的 3 米长的大艄，那是当年"乌龙公"下水仪式时，兄弟村棠东村前来庆贺特地送来的大艄，艄上刻有"1868 年"，即"乌龙公（东坡号）"的建造年份，弥足珍贵。还有村民苏炯峰捐赠的几艘从新中国成立初期保存至今的古帆船和龙船模型，工艺大师李光华捐赠的纸通龙凤船和纸通公仔。还有一幅由曾伟棠、林耀创作的《车陂龙舟趁景图》，画中呈现的是 20 世纪四五十年代的车陂游龙图，图中画有十多条龙船齐聚车陂涌，在大榕树下燃放爆竹，村民们都争相在两岸观看龙舟盛事，另外岸上还有戏棚演大戏，呈现出本地人口中的"又有龙船又有戏"的景象，热闹气氛更甚于过新年。苏志均、简炽坚等车陂龙舟文化促进会的骨干也带头捐了不少物品。还有一幅专门为此展览馆新创作的《一水同舟》水墨画作品，这幅巨作长约 4.5 米、高约 2 米，由 8 位车陂本土艺术家（排名不分先后：苏格硕、郝伟伦、苏雾芬、谢妙婴、黄宝安、麦树桥、叶兆、黄俊能）历时两个多月时间，共同参与绘制完成。

人多好办事，在全体村民及各方力量的共同努力下，才三个月，展览馆收集到的有关龙舟文化的展品达到了 700 多件。这些承载了村民们的殷殷期盼、具有民俗特色的展品具体地展示了车陂扒龙舟从起龙、采青、赛龙、探亲、招景、趁景到吃龙船饭、唱大戏、藏龙、散龙等系列活动。大至一条龙舟，小至一件纸通工艺品，既展示了车陂龙舟文化的悠久历史，也体现了龙舟文化的丰富与多样性，可谓弥足珍贵。

展览馆竣工时，以什么命名才能更确切地表达车陂人的意愿，众说纷纭，有人提议用"车陂龙舟"，有人认为用"车陂同舟"好。车陂经济发展有限公司的决策层想得更高更远，采用苏志均建议的"一水同舟"。"一水"是指从一个村的文化视野放至广州地区、粤港澳，甚至海内外，"同舟"可从龙舟文化引申到"人类命运共同体"，取名为"一水同舟"，格局、主题都提升了。这馆名得到大家一致的赞成。

2018 年 12 月 18 日，"一水同舟"龙舟文化展览馆正式开馆。这是一个由传统村落承办的、以龙舟文化为核心的非遗传承保育展览馆，是广州市首个村级筹建并结合党群服务的文化中心。开馆当天，在馆内的报告厅举办了"广府龙舟非遗文化论坛"，各方共同探讨车陂乃至全省龙舟文化的发展和传承。议题包括"挖掘龙舟文化内涵，传播民俗文化"，"振兴乡村文化"，"新生代民俗文化传承"，"地方文化构建与城市文化多样化"等。

中央电视台、广东及广州地区各大新闻媒体纷纷前来报道这一隆重的开幕式，高度评价了"一水同舟"龙舟展览馆的建成，是传统文化和现代文明创新融合的良好范例。

"一水同舟"龙舟文化展览馆成为车陂龙舟文化促进会的办公及活动中心。他们对车陂社区的非物质文化遗产进行保育与活化，保存和整理了现有车陂村扒龙舟项目资料和实物，与广州及粤港澳大湾区开展了文化的交流。

2019 年 3 月，中共广州市天河区委统战部授予"一水同舟"龙舟文化展览馆为"天河区统一战线教育实践基地"；2019 年 6 月，广州市社会组织联合会授予"一水同舟"龙舟文化展览馆为"广州市社会组织活动基地"；2020 年 6 月，广州市社会组织委员会授予"一水同舟"龙舟文化展览馆为"广州市社会组织党建工作示范点"等。2020 年 12 月，"一水同舟"龙舟文化展览馆又多了一个名牌——"天河区关心下一代工作委员会优秀传统文化教育基地"。至 2021 年，开馆三年多来，广州市多个单位在此挂牌，不胜枚举。

经过几年的努力，从"一水同舟"展览馆的建立到"一水同舟，守望相助"等社区公益项目的立项，车陂得到社会的认可，获得广州市慈善联合会组织的善知学园"项目管理"优秀项目奖，获得广州市第二届十佳社会创新奖。苏志均于 2019 年被评为广东省"十大最美民间河湖长"；2020 年被水利部、全国总工会、全国妇联联合评选为"十大最美河湖卫士"，苏志均也是此奖项在广东省的唯一入选者。评委在苏志均这位"十大最美河湖卫士"的评语中写道：与车陂街道办共同发起成立车陂涌悦和志愿服务队、车陂志愿服务队、车陂街河涌治理党员志愿服务队等护河队伍，创建"民俗文化＋河涌保护"志愿服务新模式，打造"龙船＋碧道"新品牌。

苏志均与其同仁意识到，这是全体车陂人共同努力得到的荣誉。

2020年端午节期间由于新冠肺炎疫情，车陂及全国各地都没有举行扒龙船活动。2021年端午节又刚好碰上广州部分地区新冠肺炎疫情的反弹，已经起来的龙船只好又收藏在河滩下。龙船虽暂时不能扒，但龙舟文化的"团结拼搏，同舟共济"的精神深入人心，车陂人用龙舟精神进行抗疫，照样过端午节。线上的车陂龙舟活动十分活跃，"车陂同舟"公众号与广州各大媒体分别推出"线上睇招景"，还有取材于车陂龙舟的微电影《龙舟最有戏》上线了，可让大家分享。《南方都市报》、广州电视台等推出了"云上游览车陂龙舟博物馆"等节目，人们通过手机就能参观龙舟博物馆，了解车陂龙舟文化。总之，活动精彩纷呈，热闹得很。更有意思的是，车陂民间手艺人李光华新做了一艘纸通龙船下水了，他本人还拍了录像放在网上，让更多的人看到纸通龙船居然能像模像样地在车陂涌上穿行。特殊情况下，车陂及广大人民出于对扒龙船的那份热爱，同样可以玩出好多花样。

2021年12月，端午节的车陂龙舟景被公布列入广东省第八批省级非物质文化遗产扩展项目。此喜讯让车陂人倍感振奋。

车陂龙舟文化的发展生生不息，未有穷期。车陂人的愿望是，未来的车陂将成为世界认识中国传统龙舟文化的窗口；车陂人的愿景是"水更清、人更善、景更美！"

附录

车陂姓氏宗祠

车陂村的各个姓氏祠堂是千年宗族历史文化在与本土村落文化结合的最大载体。车陂街是体现古镇风貌和岭南建筑文化的重要街道，街内全面、集中地保留了极具岭南特色的民居、祠堂及精美砖雕、木雕、壁画等。

村中的马、王、麦、苏、郝、黄、梁、简、黎等九大主要姓氏，各拥有历史悠久的祠堂，有的姓氏宗祠还产生三五个分支公祠。不管有没有族谱，在族人心中都会记着本家族的发源、迁徙、荣衰等历史。下文参考了 2003 年中华书局版的《车陂村志》中有关内容，再经各氏族传承人核实查册，分别整理、介绍车陂的主要九大姓氏及其宗祠文化概况（以姓氏笔画为序），并附上每个姓氏祠堂的 VR 二维码（VR 镜像资源由善昊·广州义云天视界科技有限公司提供）。

马 氏

祠堂：马氏宗祠及公厅

马姓氏族追溯至战国时期的赵奢。赵王封赵奢于马服（河北邯郸西北），世称马服君。其支庶有的以马服为姓，后省去服字，遂为马氏。赵奢有个孙子赵兴从邯郸迁咸阳，改姓马。"马氏族人，咸阳望出扶风，自此子孙昌盛，成为当时的大氏族。"后赵国被秦国灭亡。当时，陕西扶风是马氏族居繁衍最早的地方。"扶风"就成为马氏的堂号（郡名）。

马氏族发展至北宋时有一宗裔子孙叫马悦，在朝为官，居住在当时帝都河南开封。是时，中原战乱，元兵攻占宋朝半壁河山，宋高宗被迫从河南开封南渡至浙江临安（杭州）建立帝都。马悦全家跟随宋皇由河南开封迁到浙江临安居住。这时，马悦之子马端（字直北），在政见上与秦桧派系不能协调，只好请旨离开京城，被皇帝任命为广东新会知县，从此马端离开京城全家迁到广东新会居住。其后，马端五代子孙均官至大夫之职。所以他的后代分布在广东、广西、海南、福建等地繁衍发展。到了南宋时十二世祖马胜护从番禺植村迁至车陂定居。此后在车陂开枝散叶，至今已经 23 代，至 2000 年马姓子孙约 400 多人。曾建有（古愚）马氏宗祠，位于车陂双社西南。祠堂三厅两廊两天井，门匾所刻的"古愚马公祠"早已破败不堪，今用于存放扒龙舟器具，归车陂第六经济社管理。

微信扫码 立即获取
VR 游览车陂宗祠

王 氏（王太原）

祠堂：尚书王公祠、义斋王公祠

王氏宗族源流见前"宗族龙船有故事"一节。

尚书王公祠位于车陂涌东岸祠堂大街，为纪念南宋大学士兼兵部尚书王道夫，于元至元六年（1340）间建家庙，明永乐年间（1403—1424）后人在原址扩建家庙，更名为"尚书王公祠"。清乾隆六十年（1795）和光绪二十九年（1903）重修，2002 年再维修。祠堂为砖木结构，坐北向南，总宽 28.5 米，长 39.5 米，建筑面积 1125 平方米。祠堂有两廊三厅，两个天井，大门前两侧有鼓台，前面是广场，广场前面是一口池塘，占地面积 3000 多平方米。

尚书王公祠在 2009 年被公布为天河区第一批文物保护单位。

微信扫码 立即获取
VR 游览车陂宗祠

麦 氏（麦始兴）

祠堂：麦氏宗祠

麦姓氏的始祖麦良韬（号铁杖）于陈武帝永定二年（558）出生于广东南雄保昌县珠玑巷。铁杖在陈朝先任始兴县都尉，不久被提拔为始兴县令。铁杖公后裔在始兴而居，奉祀铁杖宗祠。据《香山小榄〈麦氏族谱〉》[清光绪十九年（1893）刻本]载，南宋时期广东南雄珠玑巷牛田坊五十七村与珠玑巷九十七家共议南行。"闻南方烟瘴，地广人稀，田多山少，可以合处辟居，乃告有司给路引南徙。时保昌严县主准申南雄府钟文达立案，批发路引。我祖必达公兄弟五人（长必荣、次必秀、三必达、四必端、五必雄）相与挈家二百余口，于咸淳九年（1273）二月十六日起程抵广州，五月十五日至香山黄旗角乡。"[1]

---

① 广东南雄珠玑巷后裔联谊会、南雄市政协文史资料委员会合编：《南雄珠玑巷南迁氏族谱、志选集》，2003 年内部编印再版，第 72—73 页。

车陂麦姓先祖为铁杖十六世孙麦必达，从始兴郡百顺（今南雄百顺镇）移居至车陂，至今约 750 年，已有 42 代，现有麦姓子孙约 100 多人，居住在车陂村北部车陂二社。

麦氏宗祠位于车陂北门大街，约建于明朝。祠堂坐东向西，砖木结构，两廊三进两天井。建筑面积 300 多平方米。门前为广场，广场之西是池塘。祠堂门匾上书"麦氏宗祠"，大门两侧有包台，屋檐有木雕。祠堂由于严重破损，于 2017 年重修，由砖木结构改为混合结构，由一层改为三层半，实用面积大为扩展，每层以雕梁画栋装饰，可以说是车陂村新建祠堂中最为富丽堂皇的。现成为麦氏族群的活动中心，也是麦始兴龙船会的活动场所。

微信扫码 立即获取
VR 游览车陂宗祠

苏 氏（晴川苏、高地苏、隆兴苏）

祠堂：晴川苏公祠、苏氏宗祠（鹿泉苏公祠）、隆兴苏公祠、福祚苏公祠、子和苏公祠、伯李苏公祠、仕章苏公祠

1. 晴川苏公祠

晴川苏公祠位于车陂祠前大街 2 号车陂村中心，建于明朝宪宗成化年间，是苏氏后人为纪念苏东坡之孙苏绍箕晴川公而建。

祠堂由主祠、后花园、门前广场、池塘、荔枝园五个部分组成，总面积 3800 平方米；主祠坐北向南偏东 8.7 度，建筑面积

500 多平方米，三进，东西侧各有三个厢房，门前广场右前侧有鼓台，用花岗石砌成长方体，右前侧有旗座。

该祠由二世祖世度长子、寿孙的后人所建，所以由子和、伯盛、伯昌、仕文、存湾、广廷、超廷等八房子孙主管。

因苏绍箕是苏东坡之孙，祠内有《眉山苏氏世系图》《晴川苏氏世系图及子孙住居点》《苏晴川历史简介》《重修晴川祠赞助芳名》石碑等，从中可以了解苏氏家族的来历。

该祠历经三次重修。第一次于清康熙二十八年（1689），维修中座天顶；第二次于清嘉庆二十五年（1820），拆建前座，换上新的石匾，使晴川苏公祠更加雄伟；第三次重修于 1993 年。此次重修是因为学校迁出，祠堂回归晴川苏。重修后的祠堂布局协调，保持古朴、清雅、庄重。中座一联："物华天宝，宫灯呈祥光耀彩；人杰地灵，式敬堂前喜庆多。"该祠历代都是本村的文化教育中心，新中国成立前在此办私塾，新中国成立后曾作为学校以培养人才。同时也是氏族的文娱体育中心，是做大戏、吃龙船饭、舞狮子、开盘（武术）的好地方。

苏氏这一族系在村中有分支祠堂 4 个，分别是伯李苏公祠、子和苏公祠、福祚苏公祠、仕章苏公祠。

晴川苏公祠于 2002 年 9 月被公布为广州市文物保护单位。

微信扫码 立即获取
VR 游览车陂宗祠

2. 苏氏宗祠（又称鹿泉苏公祠）

苏氏宗祠位于车陂村高地大街 17 号。建于明万历四十三年（1615），历代有重修。坐西朝东，三进两廊两天井。占地面积 392 平方米，祠前广场占地面积 782 平方米，总建筑占地面积 1172 平方米。硬山顶，青砖墙，红砂岩石脚。祠堂右边的附属建筑至源厅，建筑占地面积 155.4 平方米。该祠堂是为纪念鹿泉祖而兴建的。其祖先为宋朝人士苏宗，祖籍四川眉山，移民到南雄珠玑巷，后南迁到增城。三代后，其后裔苏文聪于明洪武二十四年（1391）由增城迁至番禺永泰乡居住。至今已定居车陂数百年，历经 30 代。

苏氏宗祠天井内左廊墙上镶有明万历四十三年（1615）"设立义仓教训子孙勤耕习读孝顺和睦"黑色砚石碑。石碑长 1.75 米，宽 1.1 米，中间已经断裂，但碑文仍然清晰可见。此碑是车陂村所有宗祠中保留得最完好的一块明代石碑。

2012 年 10 月 19 日，苏氏宗祠被公布为天河区第二批文物保护单位。

微信扫码 立即获取
VR 游览车陂宗祠

3. 隆兴苏公祠

隆兴苏公祠位于车陂村塘边街 14 号，是明嘉靖年间（1522—1566）为纪念始祖隆兴而建。苏隆兴，字茂材，为苏东坡第五代孙，生于南宋宁宗嘉定十四年（1221），南宋度宗时任宣义郎，于南宋度宗咸淳八年（1272）与乡人随王师等逃至南雄珠玑巷后，再到广州暂居于十八石。后由广州迁至城东鹿步司之永泰乡，为车陂苏氏始祖。

祠堂先后兴建三次。第一次建设年份不详，先建在清溪之南社，坐东向西，三进，包括祠前场地、鱼塘及左右客厅和后花园，共 2500 平方米。第二次重建于清代康熙年间（1662—1722），建在双社西闸外，坐东向西三进祠堂。前有场地水坑，旁边有鱼塘花园、龙眼园，祠前有几对花岗石旗杆，是该族十七代传孙苏威（号宗洵）于清同治年间考中文魁武举人所得荣誉。祠堂面积约 3000 平方米。祠堂边大道建有一个门楼石匾刻着"轼裔"二字。20 世纪 50 年代拆去门楼，现只存有"轼裔"石横额一块，年代虽没有考究，却也成为珍贵文物，摆在中堂。第三次重建于民国十二年（1923）。因旧的三进祖祠年久失修，经该族父老兄弟商议，将三进改为两进。坐北向南，祠堂正中挂着木匾"辨远堂"，祠前大门木匾书写"隆兴苏公祠"。

如今祠堂周围建起了楼房，建筑面积只剩下 300 平方米。现在隆兴苏公祠仍是宗祠族人的文化活动中心，也是端午龙舟盛会和文娱活动接待来宾的场所。

村中此族系有祠堂 2 个，除此之外还有一个是梅宾苏公祠。隆兴一族自南雄珠玑巷到车陂定居至今约 750 年，有 24 代传孙，在车陂居住有 600 多人。

隆兴苏公祠是广州市天河区文物保护单位。

微信扫码 立即获取
VR 游览车陂宗祠

郝 氏（郝太原）

祠堂：郝氏宗祠、松寿郝公祠、梅友郝公祠、仑峰郝公祠、位安郝公祠

郝氏宗族源流见前"宗族龙船有故事"一节。

郝氏族群至今已居住在车陂 700 多年，传有 27 代子孙。郝氏十七代传人郝殿邦于清光绪二年（1876）为丙子科中式第三十三名举人，是武举人，郝氏宗祠为此用花岗岩石立有一旗杆。郝氏在车陂有 1700 多人，是人数众多的大姓之一。

郝氏宗祠属于广州市天河区文物保护单位。

微信扫码 立即获取
VR 游览车陂宗祠

黄 氏（江夏黄）

祠堂：黄氏宗祠

车陂黄姓始祖桂庭，来自河南江夏，因此车陂黄姓俗称"江夏黄"。该宗族先祖在南宋末期迁徙南下，越过梅岭，初在广东南雄珠玑巷居住，明朝时从南雄辗转到龙溪南部（今车陂沙美）定居。始祖桂庭在沙美定居后娶妻李氏生一子，名九畴。二世祖九畴娶妻劳氏，生三子：玉岗、才聚、敬山。三世祖才聚娶妻何氏，生一子：义祖。四世祖义祖娶妻林氏，生四子：南溪、南山、南涧、南清。五世祖南溪娶妻马氏，次子南山娶妻陈氏，长房称

南溪祖（吟祖），二房称南山祖，两房族各自择地而居，开枝散叶。后人为纪念先祖，在今沙美江夏大街兴建宗祠，取郡名江夏，同时取字派。

黄姓先祖落户车陂沙美至今有 23 代传孙，在车陂定居 600 多人。此外，部分族人移居省外及省内他处，有少数人在港澳及国外定居。

黄氏宗祠建于明朝，坐北向南，砖木结构，三进两廊两天井。建筑面积 629.96 平方米，总面积 1200 平方米。黄氏宗祠经历几次重修，最近一次重修为 2000 年，后用作黄氏族人娱乐活动中心。

微信扫码 立即获取
VR 游览车陂宗祠

梁 氏（沙美梁、东平梁）

祠堂：沙美梁氏宗祠、东平梁氏宗祠

1. 沙美梁氏宗祠

车陂梁氏有二，其一是梁惇裕堂族。梁氏始祖名桂芳，字合璧，号雪松。雪松的先祖从中原迁到南雄。明永乐年间（1403—1424），梁雪松再携家人由南雄迁居到番禺龙溪落户。600 余年来，梁氏族人在车陂沙美（尾）居住，因此俗称沙美（尾）梁。该氏族家业繁荣昌盛，后人通过修谱立祠，分三房族。至 2020 年有 24 代传孙，在车陂居住的有 1400 多人，部分族人移居省外或省内他处，有少数人在港澳台地区及国外定居。

沙美梁氏先祖历朝为官，与政要学者世代交好。古祠虽地处田园乡村，但谈笑有鸿儒，往来无白丁，从大门楹联到堂内牌匾均出自文人雅士之手。其中，明代翰林院庶吉士，历任南京吏、兵、礼部尚书，奉敕参赞机务之大儒湛若水的两处墨迹最为人称道：其一是堂口楹联"道范仰尼山千乘侯封光史册，勋名昭宋代两传宰辅重人寰"；其二为中堂牌匾"惇裕堂"。湛若水与沙美梁氏五世祖梁伯和为同窗好友，念梁伯和才思过人，多次恳劝其进京为政，然梁伯和淡泊名利无意出山，遂题写门联牌匾以表情谊与敬重。梁氏后人以"惇裕"为家风，劝勉子孙后代勤勉敦厚，方能富足丰裕。

本族有祠堂 4 个，分别是梁惇裕堂梁氏宗祠、伯和梁公祠（该祠是后人为纪念伯和而兴建的。此梁公祠坐北向南，两进一天井，面积为 306 平方米）、翠台梁公祠、仲和梁公祠。

梁惇裕堂梁氏宗祠位于车陂沙美启明大街 58 号，建于明朝嘉靖年间（1522—1566）。祠堂经历三次重修（建）：第一次在清乾隆年间重建；第二次在光绪年间重修，1949 年后无偿提供给国家作粮食仓库，1958 年曾作为公社造纸厂，20 世纪 60 年代后为生产队办公场所；第三次于 2001 年重修，此次重修后，成为该氏族老人活动中心，也是龙船会活动场所。祠堂坐北向南，砖木结构，祠堂为三进宫廷式结构，共九座厅堂，东西两座鼓楼，第一进为大天井，第二进为中堂，两进大厅横匾上书"惇裕堂"，第三进为祖堂。祠内青砖碧瓦，从柱础到瓦脊处处精雕细琢，缀满石雕、砖雕、木雕、泥雕、彩画和对联。正堂四根顶梁柱采自莲花山石场，为明朝时始建遗迹，建筑面积 1376 平方米。祠前有广场，广场前边是池塘，池后有花园，总面积 6000 多平方米。广场竖旗杆，拾级而上至祠正门。大门两侧有鼓台，用花岗石砌成长方体。祠堂门匾石（木）刻上书"梁氏宗祠"，门楣上方及左右和屋檐两旁有石（木）雕花草、图案和历史人物。

祠堂每年会举办三大活动，分别是清明祭祖、端午"扒龙船"和"摆中元"民俗大典。沙美梁氏是广府地区独一无二承袭"摆中元"习俗的宗族，每年农历七月十五举办该活动时，梁氏族人团聚一堂，通过传统拜祭仪式以及精心制作纸花、珠花、米花、纸通公仔等手工艺品，以期盼风调雨顺、国泰民安。

微信扫码 立即获取
VR 游览车陂宗祠

2. 东平梁氏宗祠

该宗祠原为梁氏大厅，为纪念梁氏广源祖而建。根据梁氏族谱记载，梁氏宗祠（东平）始祖字仲齐，号世卿，即周先贤讳鳣，号叔鱼，千乘侯公之裔也。他由福建晋江抵广东南雄珠玑巷，后至明成祖永乐元年（1403）癸未入羊城，次年（1404）甲申迁居龙溪大庙社（今车陂涌西侧）黄坭塘定居。二世祖生卒年月不详，据族谱记载：其辞世后合葬之大坟在马鞍岗。后人为纪念先祖，在大庙之南，车陂涌西侧兴建梁氏（大）宗祠。

至十六、十七世传孙，有部分族人到现在的棠溪、长滘、凌塘、寺右等地定居繁衍，分派出棠溪房、龙溪房、长滘房、凌塘房、寺右房。

龙溪房族自梁广源二世在车陂发展至现在有 23 代传孙，共200 多人，大部分在车陂定居，部分移居省外及省内他处、港澳以及海外等地。

梁氏原有世卿梁氏大宗祠，位于车陂中部偏南黄坭塘，是一座三进两天井的宗祠，面积约 1000 平方米，建于明朝。距今逾 600 多年。该宗祠于 1958 年被拆除，用作人民公社晒谷场，现已改建为居民住宅。后来梁氏于 1998 年重建宗祠，原广源祖大厅（位于车陂东平里）改为梁氏宗祠，作为东平梁氏族人活动中心，因此俗称"东平梁"。梁氏宗祠面积为 150 平方米，门贴一副对联"东海远流繁枝叶，平安福泽荫子孙"。

微信扫码 立即获取
VR 游览车陂宗祠

简 氏（范阳简）

祠堂：简氏宗祠、同章简公祠、居敬简公祠

车陂简氏有 3 个祠堂，分别是简氏宗祠、同章简公祠、居敬简公祠。

1. 简氏宗祠

简氏宗祠位于车陂东岸，建于明朝，距今 500 多年。

祠堂坐西向东，砖木结构，三进两廊两天井，建筑面积 1000 多平方米。祠堂前有广场，祠后有花园，广场前面有一口鱼塘，总面积 2000 多平方米。祠堂正门两侧有鼓台，门匾上书"简氏宗祠"，门楣上方及屋檐两旁雕刻各种花草图案。

该祠为纪念始祖廷睿公而兴建，清朝重建一次。1953 年后无偿给国家作办学用地，供广州市第十八中学使用，直至 20 世纪 90 年代中期。1999 年第二次重建，砖混结构，建筑面积为 400 平方米，占地面积为 700 平方米。

2. 同章简公祠

同章简公祠位于车陂东面，车陂涌东侧。同章公是廷睿公第七代孙，该公祠是该族后人为纪念同章公兴建的，建筑面积约 1300 平方米，占地面积为 3000 平方米。祠堂坐东向西，砖木结构，三进两廊两天井，门前有广场，祠后有花园，广场前面有一口风水塘，环境优美。祠堂历经几次修缮，清乾隆元年（1736）第一次修缮。清嘉庆十八年（1813）第二次修缮。1953 年后，同章简公祠及车陂的一些氏族宗祠也无偿提供给国家办学，作为当时的教学场地，供广州市第十八中学使用。2000 年，祠堂归还给简氏族人，由于年久失修，众族人重新接手同章简公祠后，齐心协力募集巨资，于 2002 年重修了祠堂。

同章简公祠有一块嵌在墙体里的宗祠祖训尤为珍贵，落款为清乾隆元年（1736）。石碑列明的 13 条家训中，有 6 条关于读书的。家训中列明：考取功名越高，奖励越大；在攻读期间，有田地供读书人使用。家训中还明确规定，考取功名、外出做官者要不忘向祠堂捐款，而且文官比武官捐款数额更大，以报答祖宗培养之恩，可见简氏先祖对读书的重视。

2020 年端午节前，广州市级非遗传承人简炽坚和其他村民请来了知名画家司马江南，对同章简公祠重新进行了布局和装饰，将宗祠内部打造成一个富有文化气息的活动空间。石碑古训被翻译成白话文，刻在竹板上，陈列在祠堂里。

该祠堂成为简氏老人活动及龙船文化活动中心。

微信扫码 立即获取
VR游览车陂宗祠

3. 居敬简公祠

居敬简公祠位于车陂东岸中部。居敬公是廷睿公第七代孙。居敬简公祠是该房族后人为纪念居敬公而兴建的，砖木结构，建筑面积约 300 平方米，占地约 500 平方米。清同治年间（1862—1874）重建一次，1995 年再度重建。现为本房族人康乐活动中心。

黎 氏（江头黎）

祠堂：黎氏宗祠

黎氏在宋代已是岭南大姓。宋代黎氏族人有部分迁往南雄珠玑巷，再迁往番禺等地，后由番禺茭塘司移居到番禺鹿步司（今车陂东岸）。为了铭记黎氏始祖是"黄帝曾孙一脉"，将大街命名为"车陂江头北正大街"，因此居住车陂的黎氏俗称"江头黎"。

车陂黎氏始祖名子兴，字康旋，号东轩公。生于明洪武十八年（1385）正月十一日，终于正统戊辰年（1448）七月十四日，享年 63 岁，生三子。黎氏在车陂（龙溪）定居至今已有 600 余年历史。据 2001 年人口普查数据显示，车陂江头黎氏男丁人数约为 200 余人，至 2021 年约有 27 代传孙。

黎氏宗祠位于车陂村东南部，车陂涌东岸江头北正大街，邻近东圃圩。坐西向东，砖木结构。建于明朝，建筑面积 1000 多平方米。该宗祠三进两廊两天井。一进两边拱圆门进两廊。二进为中堂，二进石阶两旁有白色花岗岩石栏，两旁各四块，上面雕刻人物、花草等图案。三进为黎氏祖堂，正中为拜桌，拜桌上供奉黎氏祖先牌位。拜桌上方有一块金漆牌匾，上书小字"番禺鹿步司"及"京兆桂阆堂"5 个大字。祠堂大门两侧有鼓台，用花岗岩砌成长方体，门匾上书"黎氏宗祠"。大门前面是广场，门口右边有一棵红花映参天大树，广场左右两旁有两行大叶桉、细叶桉相间排列，绿叶婆娑。再前面是一口大鱼塘，占地 6000 多平方米，塘边植有杨柳以及葵树等。祠后花园古树参天，特别是红花映盛开时火红灿烂，颇为壮观。

祠堂约建于 1948 年，当时属车陂江头黎氏所有。后因应国家办学需要，无偿提供给现时的东圃小学。先定名为圃育小学，后称东圃小学。该小学占地面积约 1.5 万平方米，一直使用到 1996 年，经当时的社长及东圃镇有关领导与东圃小学协商，将黎氏宗祠归还给江头黎氏。

祠堂经历三次重修，2002 年经过第三次重修后，成为该族群的龙船会及其他活动中心。

微信扫码 立即获取
VR 游览车陂宗祠

车陂龙船会

氏族祠堂既是车陂各个氏族的精神家园，又是每个姓氏龙船会的依托。龙舟文化与祠堂文化相互融合，为车陂龙舟文化的传承建立了丰厚根基，为龙舟传统文化的持续发展保驾护航。如今，村中12个姓氏宗族龙船会成为车陂龙舟文化的强有力组织者与传承者。

下文参考了2018年、2019年《车陂同舟》有关资料，结合田野调查，整理了车陂九大姓氏的12个龙船会状况（以姓氏笔画为序）。

王太原龙船会

王太原龙船会依托于车陂尚书王公祠，于1982年恢复扒龙舟活动，现有传统龙船2条。车陂第十五经济社基本都是王氏族人，因此经济社长也是该龙船会会长，现任会长是王锦坤，由他主持龙船会的主要活动、日常的会务与祠堂事务。一班热心的父老负责打理，他们是王伟仔、王土坤、王智广、王汉标、王少禧等。他们也是龙船会的理事骨干。

麦始兴龙船会

麦始兴龙船会依托于位于车陂北门大街的麦氏宗祠，该氏族开村先祖在韶关始兴迁徙到车陂，简称"麦始兴"。2017年重修祠堂，祠堂有四层高。

车陂麦氏以往较少参加龙船活动，20 世纪 50—70 年代龙舟活动一度中断，80 年代初改革开放后，车陂龙舟文化复兴。车陂经济发展有限公司副书记麦子豪为了复兴本氏族的龙舟队，2015年带领众乡亲着手筹建麦始兴龙船会。2016 年麦氏举行新装龙舟进水庆典，新龙舟为传统龙船，长 40.3 米，能载 80 人左右，麦子豪亲任龙鼓手，很大程度提高了龙船队员的士气。自此，车陂麦始兴龙船会蓬勃发展。第一年（2017 年）参加车陂村的龙舟竞赛获得第 11 名，第二年（2018 年）获得第 7 名，此后麦始兴龙船会不断进步，不断取得好成绩。

现麦始兴龙船会负责人为麦耀明，他是车陂第二经济社社长，日常事务及祠堂管理工作有一班父老热心辅助。该会队员大多数为年轻人，他们扒龙舟的热情非常高涨。自麦氏龙船基地建好后，几乎每晚都有年轻人去训练。他们还积极参加各地龙舟比赛、趁景等活动。头旗手、扒手麦卫锵对扒龙船更为热爱，只要一有空闲，就坚持去参加扒船训练。

武功（晴川）苏龙船会

武功苏龙船会依托晴川苏公祠开展龙舟活动，村民简称"武功苏"。该龙船会负责人是苏金潮、苏应昌、苏东强、苏金炽等。2016 年起武功苏龙船会的龙舟活动由苏应昌负责，2018 年他被评为广州市第六批非物质文化遗产龙舟文化代表性项目传承人。

该会有 4 条传统龙船，有远近闻名的传统乌龙公"东坡号"。

高地苏龙船会

高地苏龙船会依托本村的"苏氏宗祠"，由于苏氏宗祠位于车陂高地大街 17 号，村民简称为"高地苏"。

高地苏、武功苏、隆兴苏三个苏氏社团，大家称为车陂"三苏公"，他们都热爱扒龙船，祠堂祖先牌位旁侧都摆放着该宗祠的龙头，龙尾及各种龙船用具，宗祠醒目处都摆着他们在各项龙舟赛中获得的锦旗。最醒目的奖项是在 2016 年车陂龙舟比赛中获得第一名。

1986 年后，高地苏龙船会恢复举办龙舟活动。目前有 3 条长 40 多米的传统龙船，其中一条是用杉木做成，另两条是用坤甸木做成。最长的有 42 米，可坐 80 人。

该龙船会的负责人由所属经济社负责人兼任，现任会长苏键滨、彭雨海，理事会由苏卓荣、苏志源、苏存校、苏耀章、苏仲太等一批父老组成。老会长苏卓荣（人称"鸡哥"）曾任几届经济社社长兼任龙船会的几届负责人，如今 70 岁高龄的他仍协助龙船会的后勤管理。

清溪双社龙船会

清溪双社是车陂村清溪社隆兴苏氏和三孖巷社马氏的合称，又称"车陂双社"，简称"双社"，该龙船会依托于车陂隆兴苏公祠和（古愚）马氏宗祠。

车陂苏氏与马氏于 400 多年前联姻，他们的后人属于老表关系，关系密切友好，都热爱扒龙船，经常在一起活动。所以苏氏和马氏族人合办一个龙船会，称"清溪双社龙船会"。成员由苏

氏与马氏组合，负责人有苏文治、马耀棠、苏镇昌、马锦坚等，
主要由他们组织开展龙舟活动。

车陂新涌口龙船会

车陂涌长 22 公里，这里的"新涌口"是指车陂涌流入珠江
口的滩涂边。来自番禺大石镇大山村的水上人家与当地居民集聚
而居，形成的"车陂新涌口"，又称"车陂新村"。居民主要分
布在车陂第十二经济社范围内。近年，此地域已经大部分拆迁，
规划在此建立广州第二中央商务区天河片区。原村民姓氏大多不
同，临迁居住地也不集中，没有宗祠，但龙船照旧每年都有扒，
新涌口龙船会一直起着领导组织村民扒龙舟的作用。

新涌口龙船会与车陂村其他有传统姓氏宗祠依托的龙船会不
同，其成员由多个姓氏的居民组成，所以龙船会不会特定以某个
姓为主。龙船会依托于车陂新涌口所在的第十二经济社，第十二
经济社社长黄炳洪和副社长蔡伟銮为该龙船会负责人，下设理事
会 5 人。李明（1954 年生）是个十分热心且经验丰富的龙船头，
也是个好桡手，他 18 岁就扒龙船，练就一副好体魄，年轻时每
年端午节从车陂步行三四个小时路程，回番禺家乡大山村去扒龙
船。以往扒龙船都是高强度的运动，经常在河上一扒就三四个小
时，但觉得好开心。多年的扒船经验，练就他的扒船好技艺，他
的抓艄本事及统筹能力也是大家公认的。李明于 1999 年起就在
该龙船会工作，现虽已退休，至今仍热心打理龙船会的工作。

新涌口龙船会每年参加扒龙船的约 100 人。龙船会于 1999 年
才有自己新做的龙船，但新涌口龙船会于 20 世纪 80 年代中就成
立了，比有龙船的龙船会要早得多。因为这里很多村民是从番禺

大石镇大山村的水上人家迁徙过来的，十分热爱扒龙船。此前的新涌口没龙船，他们每年都要在端午期间坐船转车走路两三个小时，回到大山村参加扒龙舟活动赛。这些行程及活动就需要龙船会组织与统筹。后来有了自己的龙船，他们便组织大家扒着龙船回去探亲。这些更需要龙船会去协调资源，做好扒船安全等工作。

每年端午扒龙船让村民及该龙船会的组织者感受最深的是，龙船活动增强了大家的凝聚力。由于大家姓氏不同，拆迁后住地分散，加上城镇化人口变动大，久而久之，同一社区的人们也较为陌生，同一幢楼房的人们互不相识。但有了每年扒龙船活动，越来越多的人前来参与，人与人之间也熟络起来，乡里之间也走动多了，龙舟文化让社区的凝聚力增强了。

2020 年，该社又新做了一条传统龙船，如今该社有 3 条传统龙船，还有一个很好的藏龙船坞，那是用传统的黏土泥藏龙船。每年四月初八起龙，数十个青壮年男子到船坞去"挖"，起龙同时抽干塘水捉鱼，每年在那里捕捉的鲩鱼等都足够让大伙饱吃一顿。每年五月初三车陂招景日，番禺大石镇大山村必来探访。然后，新涌口龙船会的七八十人必然扒着龙船，开开心心回访老家，扒到珠江口，就会送出两只粽及龙船饼来祭河敬神，祈求平安。新涌口虽然没祠堂，但民俗信仰是拜观音菩萨，扒龙船前会将观音菩萨的小铜像送上龙船的"神斗"。那观音像还是特制的，微型，做工精细。

郝太原龙船会

车陂郝氏从清代就有扒龙舟习俗。郝太原龙船会依托位于中山大道以北的车陂郝氏宗祠，该姓氏族群的民间信仰是"侯王"。

源于南宋王朝兵败新会崖门之际，是侯王托梦救了郝氏开村先祖世荣。郝氏祠堂一直保存着这个百多年历史的龙舟"侯王鼓"，现捐赠到车陂"一水同舟"龙舟文化展览馆成为镇馆之宝。郝太原龙船会有一条传统龙船"大乌龙"，有 150 多年历史，是用铁楸木制造。可惜此船去向已经无人说清。20 世纪 80 年代初，在郝太原龙船会及乡亲们的努力下，新做第一条龙船，其后陆续增至现在的 7 条，都是传统龙船，每条龙船可容纳 70 人左右。龙船平日存放在中山大道罗坑桥附近。

郝氏房族之间十分团结，郝太原龙船会理事由各坊选派代表组成。现该龙船会负责人是郝垣旺，打理祠堂的龙舟活动事务工作以及负责传承天河区非遗代表性项目龙形拳。

江夏黄龙船会

江夏黄龙船会建立至今已有 60 多年，自 1957 年车陂江夏黄氏族人有了第一条龙船后，就成立了龙船会，那时的负责人是黄光远，时年 20 来岁，此后黄光远担任龙船头至 80 多岁，现在是其儿子黄耀均（1963 年出生）担任龙船会负责人。龙船会还有黄灿华、黄福海等 4 名骨干和几名理事共 10 人。

沙美梁龙船会

沙美梁龙船会依托位于车陂沙美启明大街 58 号的"梁氏宗祠"，前称"沙尾梁"，后称"沙美梁"。

沙美梁龙船会历经一代代人的新旧传承，现龙船会主要由中青年人主持，有 9 名理事主持龙船会日常工作，分别是梁富春、梁昭武、梁嘉安、梁健锋、梁铭锐、梁昭光、梁昭健等，祠堂有关扒龙船的事宜都放手由梁昭武等年轻人管理。

东平梁龙船会

1999 年，东平梁氏重修了梁氏宗祠并新做了其第一条传统龙船，成立了东平梁龙船会。该氏族现有男丁 200 多人，今龙船会主要负责人是梁少庭和梁理文。梁少庭是龙船会的领头人，带领族人弘扬龙舟文化。梁理文从小热爱龙船，全面掌握打头旗、打鼓、抓艄等扒龙船技艺，将祠堂和龙船会的杂务工作管理得井井有条。东平梁龙船会目前拥有 4 条传统龙船，其中最长的龙船长逾 40 米，足足能坐 70 多人。另外还有两条小龙船（长约 28 米）。

东平梁龙船会本是自发筹建，一直没有相关物业经费维持。但是在老一辈的东平梁氏宗亲的鼎力支持下，龙船会励精图治，在近几年的传统龙船竞赛中都取得了骄人成绩。在 2017 年和 2019 年取得了车陂村龙舟竞赛第一名，2018 年也获得了第二名的好成绩。更值得骄傲的是，在 2019 年广州国际龙舟邀请赛传统龙比赛中获得亚军，2017 年也获得了第五名。

每年端午佳节期间，龙船会都会组织全族人员积极参与到传统文化龙舟活动中。

范阳简龙船会

车陂简氏有 3 个祠堂，分别是简氏宗祠、同章简公祠、居敬简公祠。简氏统称为范阳简，并组成一个龙船会。因同章简公祠依水而建，保管龙船用具及收藏龙船等都在此，故龙船会依托于该公祠开展龙船活动。

范阳简为车陂最早拥有龙船的氏族之一。1982年，范阳简龙船会新做了第一条龙舟，是改革开放后最早恢复扒龙舟的姓氏之一。目前范阳简有6条传统龙舟，其中3条是用坤甸木打造，3条是用杉木打造。有一条龙舟因年久失修已没有起用了。

父老简应时曾任范阳简龙船会的掌门人，多年来负责组织龙船会的活动。其儿子简炽坚不但精通扒龙船的各个行当，而且还是广州市非遗项目的代表性传承人。现龙船头由第十四经济社社长简钜光兼任。身为经济社负责人的简钜光十分热爱扒龙船，可以胜任船上任何一个位置，是一个出色的舵手，是个有担当的组织者。

范阳简龙船会一直坚持自主组织集训，多让本族人参赛，培养更多年轻人爱好扒龙船，让他们多参与扒龙船的训练。所以他们参与各大比赛成绩较理想，可以说每年比赛都有获奖。

江头黎龙船会

江头黎龙船会依托于车陂的黎氏宗祠，该宗祠位于车陂涌东岸江头北正大街，简称"江头黎"。黎氏族人400多人基本都居住在车陂第十三经济社，该经济社的社长也是龙船会的负责人。现任社长兼龙船会会长是黎键威，已经退休的黎树沾（1955年出生）协助其工作。该理事会有7人，还有些热心的父老帮忙打理祠堂及龙船会的事务。

老会长黎树沾于2000—2015年担任经济社的社长，成为该龙船会担任时间最长的龙船头。他一家三代都热爱扒龙船，儿子黎华坤还是车陂龙舟队的教练，连8岁的孙儿也受感染，喜爱上扒龙船，经常跟随父老去扒龙船凑热闹。

扒龙船是黎氏自古已有的习俗。改革开放后江头黎于 1981 年订造第一条龙舟，自此每年组织扒龙船活动。2008 年，黎氏族人见车陂村其他宗祠陆续有新造龙船，自己原有的那条破旧了，时常要维修，便决定众人捐资筹款新做一条传统龙船，便将原有的卖了。现在他们还是保留一条传统龙船，长 39.7 米，可载 80 人。父老们都说不是没钱新做龙船，而是没有地方藏龙，如今要在车陂河涌找个船坞藏龙很难。他们造了新的龙船后，旧的龙舟就卖给船厂，保存旧的龙头、龙尾、罗伞等，摆在宗祠的大堂右侧。

江头黎宗亲间感情深厚，每年五月初二大家高高兴兴地扒着龙船去番禺新造、海珠仑头等村探亲。五月初三招景日再请对方来访车陂村，再热闹一番。江头黎参加龙舟竞赛时，一般都邀请同姓宗亲前来扒船，不会请外人代为扒船。他们称这是"请兄弟过来玩"，体现了以龙船联谊宗亲的传统文化。

车陂龙船世家、传承人

龙船世家

　　车陂村扒龙舟属群体传承，其特色在于龙船景影响深远，龙船文化和宗祠文化相辅相成。以宗祠族群为依托，成立龙船会，各龙船会每年自筹资金造新船、组织龙舟民俗活动，有自己的龙船坞和训练基地。每个船会都有不少于 100 名桡手，日常龙船会组织桡手参加龙舟训练，他们都是车陂村扒龙舟项目的传承群体，因而诞生了许多龙船世家。

清溪双社苏马约龙船会（马氏）：马洪乐世家

　　　　第一代：马成珠　　桡手

　　　　第二代：马洪乐　　艄公

　　　　第三代：马金培　　桡手

　　　　第四代：马铭浩　　桡手

王太原龙船会：王少均世家

　　　　第一代：王兆楠　　艄公

　　　　第二代：王少均　　艄公

　　　　第三代：王雄键　　桡手、艄公

　　　　第四代：王镇谦　　桡手

麦始兴龙船会：麦其光世家

第一代：麦容俊　　桡手

第二代：麦其光　　桡手

第三代：麦子豪　　桡手

第四代：麦兆梆　　桡手

清溪双社苏马约龙船会（隆兴苏）：苏文洽世家

第一代：苏周森　　艄公、桡手

第二代：苏孟洪　　艄公、桡手

　　　　苏镇培　　艄公、桡手

　　　　苏孟棠　　鼓手、桡手

第三代：苏文洽　　龙船头、艄公、桡手

　　　　苏国强　　鼓手、桡手

第四代：苏育棉　　艄公、桡手

　　　　苏庸基　　艄公、桡手

第五代：苏俊乐　　头旗手、桡手

武功苏龙船会：苏炳培世家

第一代：苏华贵　　头旗手

第二代：苏炳全　　艄公、桡手

　　　　苏炳培　　艄公、桡手

第三代：苏永钊　　桡手

高地苏龙船会：苏键滨世家

第一代：苏福成　　桡手

第二代：苏振坚　　桡手

第三代：苏键滨　　桡手

第四代：苏梓洋　　桡手

新涌口龙船会：李锦标世家

第一代：李　牛　　桡手

第二代：李少驱　　桡手

第三代：李锦标　　龙船头

第四代：李炜佳　　桡手

郝太原龙船会：郝荣波世家

第一代：郝路基　　龙船头

第二代：郝荣波　　头架桡手、桡手

第三代：郝庆泉　　旗手

第四代：郝锦政　　桡手

江夏黄龙船会：黄志铭世家

第一代：黄耀南　　桡手

第二代：黄　福　　桡手、艄公

第三代：黄志铭　　桡手

第四代：黄正睿　　桡手

沙美梁龙船会：梁荣英世家

第一代：梁汝森　　桡手

第二代：梁仕栋　　桡手

第三代：梁荣英　　舵手

第四代：梁昭武　　鼓手、桡手

第五代：梁骏燃　　桡手

　　　　梁家亮　　桡手

东平梁龙船会：梁理文世家

第一代：梁绪头

第二代：梁智华　　桡手

第三代：梁理文　　桡手

第四代：梁庭维　　桡手

范阳简龙船会：简应时世家

第一代：简润染　　桡手

第二代：简应时　　鼓手

第三代：简炽坚　　桡手、鼓手等

第四代：简俊燊　　桡手

江头黎龙船会：黎树沾世家

第一代：黎智流　　桡手

第二代：黎树沾　　艄公、桡手

第三代：黎华坤　　桡手

第四代：黎浚斌　　桡手

车陂龙舟文化主要传承人

车陂龙舟文化深厚，产生不少龙船世家，涌现一批又一批人才俊杰，他们当中有德高望重的"龙船头"，有市级与区级的非物质文化遗产代表性项目的传承人，他们是当今传承车陂龙舟文化的先行者与组织者。

苏应昌　说到"东坡号"在广州国际龙舟邀请赛的彩龙竞艳赛中获奖，不能不提现在武功苏龙船会的负责人苏应昌。苏应昌于2018年被评为广州市第六批市级非物质文化遗产（车陂扒龙舟）代表性项目传承人。苏应昌第一次接触龙舟的时候是在1978年，那时他刚好10岁。当年经济并不发达，当年的生产队队长，也是他伯父苏权森作为领头人，带着一众族人及社员去重新发展已经湮没20年的龙舟文化事业。他们从起龙做起，为维护保养龙船，到每家每户动员筹款等。龙船会每项工作，苏权森亲力亲为，每做一事都不忘教导后生（粤语，年轻人），带领他们一步步努力，逐渐恢复湮没多年的龙舟活动。随着车陂龙舟活动的发展，当年的后生跟着这帮伯叔前辈学习龙舟的知识和技术，经过潜移默化，逐渐熟悉了组织龙舟活动的每个环节。随着长辈老去，后辈逐渐成长，当年的青少年慢慢就接班了。2016年，苏应昌挑起了传承车陂武功苏龙船会的大梁，村里与氏族都支持他，让他申报成为天河区非遗传承人，让他组织参与广州国际龙舟邀请赛的彩龙竞艳赛，并担任"东坡号"彩龙竞艳赛的设计及组织工作。

苏应昌曾在广州市做过多年的点心师，他有信心通过努力可让"东坡号"在"彩龙竞艳赛"中大放异彩，为此他下足心机。他先将彩龙竞艳赛的主题弄清楚明白，如这一年的主题是"广州千年商都"，他便将古代贸易的场景设计上船，然后将广府文化与车陂祠堂文化结合起来设计，将人与景融合进去。2017 年"广州国际龙舟邀请赛"的彩龙竞艳赛主题是"一带一路"，共有 28 支队伍参与彩龙竞艳比赛，强手如林，但这对于有多年参赛经验的"东坡号"来说，遇上强对手更加激起他们斗志。负责组织的苏应昌经过认真思考，选定"合作共赢广州，开建创新丝路"的主题来回应大会的主题，并发挥想象，搭配"丝路通世界""一带贯全球""马可波罗来广州"的三支幡旗及场景来装扮"东坡号"。苏应昌想到以马可波罗的游历为背景，邀请了四位来自德国、澳大利亚的朋友走上"东坡号"扮演威尼斯商人，两位本地人扮演元朝官员，还原当年海上商业贸易兴旺的场景。如此大胆并富有地域风情的彩妆龙船出现在珠江河上，赢得两岸观众的欢呼与喝彩，"东坡号"获得这一届"彩龙竞艳赛"一等奖。

当然，此成绩有"东坡号"的桡手们很大功劳，他们既是群众演员，也是桡手，还是主角。大家同心协力，顶着高达 35℃的高温，晒足三四个小时，身上脸上汗流不止，但他们脸上洋溢着欢笑。能够与老龙"东坡号"一起参赛，够威风又好玩，他们觉得多辛苦也是值得的！"东坡号"连续于 2016 年、2017 年、2019 年的三届广州国际龙舟邀请赛的彩龙竞艳比赛中获得一等奖，为车陂村争得荣誉。人们每每从电视、报刊等媒体上看到神采飞扬的晴川苏后人从广州市（历届）市长中接过锦旗、奖杯，都为之喝彩，百年"东坡号"是车陂龙舟文化的骄傲。

苏文洽　清溪双社龙船会龙船头苏文洽出生于 1944 年，爷爷苏周森是艄公，父亲苏镇培不但是扒龙船的好手，还是龙船抓艄掌舵人。苏文洽有五兄弟，他排行最大，却被称为"尾哥"。在乡亲的印象中，他们几兄弟都十分喜爱扒龙船，只要一听到龙船鼓声就飞奔而去。几兄弟中，年纪最大的"尾哥"苏文洽经历最为丰富，因为他上去过那条著名的老龙"白尾雕"。他5岁那年的端午节，父亲苏镇培要去扒龙船，他也要跟着上去沾沾龙船气，那次之后他再也没机会坐那龙船，直到他长大成人。由于当时的政治环境，扒龙船成了"四旧"不允许扒，加上20世纪六七十年代社的经济不好，生产队干脆将"白尾雕"卖了换取其他生产物资。直到1982年，38岁的他才重新去扒龙船，很快又像他的父辈那般迷上扒龙船，而且成为龙船的掌舵人。

尾哥是在他学会扒龙船的第二年学会抓艄的，那年他40岁，是龙船的主力。端午节那天，他们社的龙船从车陂扒到深涌，突然遇上大风大雨，大家都淋到湿透。他的伯爷负责抓艄（掌舵），出珠江时抓的是大艄（长约3米），伯爷由于年龄大了，受凉后全身颤抖，要尾哥帮他抓艄。尾哥当时才扒了一年的船，没学过抓艄，但此时风高浪急，伯爷的身体顶不住了，情急之下，尾哥只能顶硬上，接过伯爷的大艄，抓稳了，听着伯爷的指挥摆艄。最后他凭着扒龙船的感觉，加上镇定沉着，将大艄稳稳地掌好，让全船人平安地探亲归来。这是尾哥印象深刻的第一次掌艄。此后第二年，原来抓艄的伯爷就将大艄交给他，由他掌舵了。从此，他就成为传统长龙的抓艄掌舵人。后来隆兴苏氏和三孖巷社马氏联合组成清溪双社，于1982年成立龙船会，社员们一致推举他为清溪双社龙船会的带头人。尾哥没有在生产队或经济社担任过领导职务，他原本是一企业负责人。他向来对工作认真负责，对龙船会的工作也一样，特别是端午节扒龙船那几天，他从早忙到晚，事无巨细都亲力亲为，起带头作用，所以人们服他，愿意听他指挥。他负责清溪双社龙船会工作至今已有38年。

郝善楚 郝氏是车陂村的大姓，郝善楚的大名几乎是车陂村众人皆知的。他是一名土生土长的车陂人，曾担任过几届车陂端午龙船节的组织者，编纂过《车陂村志》《郝氏族谱》，2016 年成为天河区非物质文化遗产（龙舟文化）代表性项目传承人。他的先祖郝殿邦是清末举人，父亲郝荣崧（1928—2015）是郝氏宗祠的龙船头，扒龙船时负责抓艄掌舵的。旧社会扒龙船抓艄掌舵的都是出得厅堂的人物，20 世纪二三十年代扒的龙船大艄，还是他父亲郝荣崧乐意捐助的。出生于 20 世纪 60 年代初的郝善楚小时候没机会扒龙船，但经常听父亲讲述抓艄掌舵的经历，听到他心头痒痒的，很想去扒一扒。直到党的十一届三中全会召开，实行改革开放后，车陂村开始恢复扒龙船活动，郝善楚才真正成为改革开放后车陂的首批扒龙船健儿。

2002 年，郝善楚加入车陂郝太原龙船会并担任理事。从龙船"发烧友"到龙船会管理层，他为车陂龙舟文化的发展付出很多，车陂龙舟文化发展到今天，与郝善楚在 2006—2017 年打下的基础有关。郝善楚当年并不是专职从事龙舟文化工作，是在车陂经济发展有限公司任职，由于热爱并积极参与龙舟活动，他顺理成章地成为车陂村龙船活动组织者。当时车陂龙舟文化活动都是村里各个祠堂自发组织的，村委没有重视对龙舟文化作新闻推介与宣传，每年龙船景邀请的嘉宾基本是赞助商或兄弟村的人。新闻媒体现场报道也找不到专业的介绍人。这种状况深深触动了郝善楚，他想，车陂村民热爱龙舟，但村里不重视推介，反而是专家学者重视，每年都来观看车陂扒龙舟，还带上媒体来报道，但没有得到重视，这种现象要改变。此后，2007 年、2008 年郝善楚都主动作为，出钱出力做了车陂龙舟的宣传画册，他还花了 2 万元买了一部高清照相机与摄像机，组织人们把车陂龙舟活动拍摄下来。他还给广州市各大主流媒体与文化学者签发车陂龙船景请柬，邀请他们前来观赏车陂龙船景。

从 2008 年起，车陂龙舟文化愈发受到各界关注，每年端午节期间，《广州日报》《羊城晚报》《南方都市报》等报刊都有大篇幅报道车陂龙船文化。车陂龙舟扬名了，落在郝善楚肩上的担子更重了，他思考最多的问题从"如何提升和发挥龙船队的实力"转为"如何传承和传播车陂龙船文化"。大到策划车陂龙船景的宣传方案，小到横额内容等，他都要从传播龙舟文化的角度去考虑。2011 年，郝善楚走进车陂小学，为学生讲解龙舟文化，用生动的龙舟故事激发学生对传统文化的兴趣，用龙船模型吸引他们领略龙船的魅力。郝善楚还为车陂小学岭南特色文化教材《美丽车陂》作顾问。难得的是，他还搜集、整理与车陂龙舟相关的童谣使之广泛传唱。已经流传开来的"车陂、车陂"童谣，以前是无头只有尾，郝善楚对其进行加工整理，这才有了今天较完整的"车陂好、车陂美，又有龙船又有戏"的童谣。

2015 年 10 月，广州市人民政府文史馆主办的第六届广府文化周，邀请车陂村到文化公园举办"龙舟文化展览"并召开"车陂龙舟文化研讨会"，此展览的组织工作就落到郝善楚肩上。郝善楚除了要完成车陂经济发展有限公司的本职工作，还到各个祠堂发动组织市的龙舟展览，亲力亲为运输展品。在他的带领组织下，那年的车陂龙舟文化展览大受欢迎，媒体对展览作了大幅报道。

如今郝善楚虽然从龙舟节组织者的位置退下来，但他心系龙舟文化情怀，想着尽其所能，为车陂龙舟谱写新乐章。2021 年初，郝善楚与星海音乐学院教师徐小兰合作，谱写了一曲当代《车陂龙舟》之歌，希望能让更多的车陂人传唱。同时，他也希望在车陂文化规划蓝图上，把一河两岸的祠堂文化与龙舟文化更好地结合，更好地展现传统龙舟文化的魅力。

郝善楚心中始终装有龙舟文化情结，他就像祠堂里的"侯王鼓"，不管岁月沧桑，依旧守护着车陂的龙舟文化。

梁昭武　梁昭武于 1975 年出生于车陂沙美社区梁氏宗族一个
龙舟世家。太公梁汝森 (1896—1948)、爷爷梁仕栋（1922—1961）
都十分喜爱扒龙船。父亲梁荣英曾任沙美梁氏宗祠的龙船头，是扒
龙船的一把好手，是龙船抓艄（掌舵）人。梁昭武家门口不远就是
车陂涌，河涌边长大的孩子都懂得水性，梁昭武四五岁就学会游泳，
加上在这样的家庭环境中成长，自小就被父亲带到龙船上玩。他可
以说是在车陂涌边长大，天性就爱水。梁昭武的成长正赶上了车陂
龙舟文化百废待兴的时期，极大地满足了他对扒龙舟的欲望，亲历
了车陂龙船的兴旺与发展。耳濡目染下，他逐渐对龙舟从喜欢到痴
迷，用乡亲们的俗话叫作"烂瘾"（粤语，意为"热爱"）。

　　梁昭武年轻时，就已熟习了扒龙舟的技艺，功夫十分扎实，
从扒手（桡手）做起，平常一有时间就琢磨怎样将扒龙船的技术
提高，他有意识地在龙船的几个重要位置担任主桡手，还做过龙
船头、头旗手、舵手（掌舵），还在罗伞、鼓手等龙船上的每个
位置扒过，对龙船的每个岗位都十分熟悉。所以他在扒龙船过程
中往往能够起到中坚作用，引领全船的桡手步调一致，这样扒起
龙船来又快又顺。梁昭武于 20 世纪 90 年代初加入沙美梁第三条
新造龙船的桡手（桡手）队列，此龙船年年比赛都名列前茅，众
兄弟戏称其为"烧猪船"（因为年年都获奖，大家分享的奖品就
是烧猪）。在这里，扒船、打鼓技艺精通的梁昭武起到了关键的
作用。梁昭武对扒龙船的"烂瘾"劲也传承到他的后代，他的两
个儿子梁骏燃、梁家亮都喜爱扒龙船。2018 年，梁昭武被评为天
河区第六批非物质文化遗产代表性项目传承人。

　　简炽坚　20 世纪 70 年代中出生的简炽坚从小热爱扒龙船，他
不但是扒龙船的一把好手，也是车陂龙舟文化促进会的带头人。
鉴于简炽坚 30 余年执着于对龙舟文化的不断学习和传承，2019

年他被评为广州市第七批市级非物质文化遗产（龙舟文化）代表性项目传承人。

简炽坚 1975 年出生于车陂村一个典型的龙船世家，从小受祖父简润染与父亲简应时的熏陶，喜爱上了扒龙船。1982 年，简氏宗祠重造了第一艘龙船，其父亲简应时被推举为范阳简龙船会的龙船头，是年简炽坚年仅 7 岁，虽身高未及船桨，无法像大人那样去扒龙船，但他也有自己的玩法，与小伙伴们坐上靠在河边的龙船，在船里装模作样地去模仿大人们的动作。在简炽坚的记忆里，"玩龙舟"是他童年与少年活动中的最爱。长大后的简炽坚成了范阳简龙船会的桡手，第一次代表宗祠外出参加龙船赛时年仅 15 岁。由于他从小就爱运动，人长得壮实，好胜心也强，一有机会就会出去参加扒龙船比赛。比赛的次数多了，扒龙船的技艺也提高了，在各级比赛中获奖不少，简炽坚也因此成为范阳简龙船会的主力桡手，他也更加痴迷于扒龙船。后来，他与一班热爱龙舟的朋友共同组建了车陂龙舟队，同时邀请专业教练作指导，从中学到精湛的扒龙船技艺。他在龙船训练中，投入的时间和精力总是比别人多，几乎将所有的业余时间都用来参加扒龙船训练。龙舟训练是很枯燥而且很辛苦的，他一年练习 8 个月，每次 3 小时，在高强度的训练之下，简炽坚不但坚持了下来，而且逐渐培养出一种吃苦耐劳的精神。

一年又一年过去，队友们换了一批又一批，2007—2017 年，简炽坚年年征战年年勇，其所代表的船会在广府地区各船会的联谊互动比赛中都取得较好的名次，在省市级各类龙船赛事中也多次获奖。因此人们还给他们船会起了个绰号，名曰"杀手简"，取自谐音"杀手锏"，以此认可他们船会的实力。

30 多年过去，简炽坚从一个扒龙船"发烧友"成长为一个有经验的主力桡手，他还担任过鼓手、舵手、头旗手等角色。他做去趁景扒龙船的鼓手时，实际就是担任龙船的指挥，十分卖力，常常扒完龙船回来，不但声音沙哑，而且手指僵硬，手有多处破损出血。简炽坚扎扎实实地掌握了划龙舟各个位置的基本方法和技巧，熟悉每一位置比赛时的要点，积累了团队协作与分工的经验，掌握了扒龙船这一项需要体力、耐力、爆发力、协调力相配合的实操技艺。他在划桨入水角度、深度、发力点、起杖的位置等方面有自己的经验和见解。在多个角色中，简炽坚还是最喜欢做桡手，由于其拥有优秀的身高、体重、力量、左右手均衡等体质条件，而他最擅长和熟悉的位置是大鼓舱，他也能够做到根据参赛人员的情况左右调动龙舟的船体，因此适合担当"定船"的职责。

在多年对龙舟文化的学习和实践过程中，简炽坚进一步加深了对龙舟文化内涵的认识。他常对其他队员倾囊相授自己划龙舟的方法与技巧，指正不规范动作及提出相应的训练调整方法，悉心指导想学扒龙舟的年轻人。2017年车陂村成立了车陂龙舟文化促进会，简炽坚当选副会长、法人代表。新的工作岗位及职责，需要简炽坚转换角色，从一个单纯的桡手转变成为车陂村传统龙舟文化的宣传推广者、组织活动的领头人。2017年9月28日，简炽坚组织并参与了"车陂同舟——河流公益行"世界河流节活动，将龙舟民俗文化与环保意识宣传相结合，他用亲身经历讲述车陂涌的变化。车陂涌以前清澈见底、鱼虾满涌，后来受到工业污染，影响了扒龙舟的环境。所以，想要更好地扒龙船，一定要唤醒人们保护水资源的意识，为此除了建立河长制，车陂村还成立了河涌保护志愿者队伍。

2018年，简炽坚与龙舟文化促进会的同事们共同策划、组织建立了"一水同舟"龙舟文化展览馆，他热衷于传播扒龙舟民俗知识，分别到村里每个宗祠的龙船会征集与龙舟文化有关的展品，动员民众捐献有价值的展品。为此，展览馆收获了一大批展品，保存和整理了现有车陂村扒龙舟项目的资料和实物。

　　成为车陂龙舟文化促进会其中之一的领头人之后，简炽坚更为忙碌了。为了培养传承车陂村扒龙舟的储备人才力量，简炽坚积极与中小学校展开合作，将车陂龙舟推广至校园，在新元小学、车陂小学等学校和村中宗祠开展龙舟教学活动，至今已累计授徒200人次，拓展了车陂龙舟传承的新途径。简炽坚积极与广州市非遗保护中心、广州市文化馆、广州地铁集团有限公司及各中小学等机构、单位、组织合作，积极推动"非遗进校园"，以"走进非遗课堂——'车陂扒龙舟'""爷爷奶奶一堂课"为主题开展龙舟文化宣传活动。

车陂龙船招景、趁景活动安排表

龙船会名称	五月初一	五月初二	五月初三来车陂招景兄弟村	五月初四	五月初五
清溪双社	深涌（珠村、黄村、石溪、宦溪、莲溪、塘口）	大塘、官洲、小洲、土华、仑头等	植村、谢村、从化马村、九佛、穗圃等	文冲、化龙等	琶洲、程界、员村、潭村、渔民新村、猎德、冼村、石牌、寺右、杨箕等
高地苏	大塘	官洲、小洲、土华、仑头等	化龙、大塘、眉山等	文冲、北亭、沙路等	琶洲、程界、员村、潭村、渔民新村、猎德、冼村、石牌、寺右、杨箕等
郝太原	深涌（珠村、黄村、石溪、宦溪、莲溪、塘口）	官洲、小洲、土华、仑头等	寺右、杨箕、潭村、棠下等	文冲、南湾等	琶洲、程界、员村、潭村、渔民新村、猎德、冼村、石牌、寺右、杨箕等
武功苏	深涌（珠村、黄村、石溪、宦溪、莲溪、塘口）	大塘、官洲、小洲、土华、仑头等	碧江、蚌湖、南方、大塘、化龙、棠东等	文冲、北亭、沙路等	琶洲、程界、员村、潭村、渔民新村、猎德、冼村、石牌、寺右、杨箕等
王太原	深涌（珠村、黄村、石溪、宦溪、莲溪、塘口）	大塘、官洲、小洲、土华、仑头等	番禺玉堂村、黄陂等	庙头、双岗、文冲等	琶洲、程界、员村、潭村、渔民新村、猎德、冼村、石牌、寺右、杨箕等
范阳简	深涌（珠村、黄村、石溪、宦溪、莲溪、塘口）	大塘、官洲、小洲、土华、仑头等	小洲、新塘、黄村、简村、华坑等	庙头、双岗、文冲、华坑等	琶洲、程界、员村、潭村、渔民新村、猎德、冼村、石牌、寺右、杨箕等
车陂新涌口	番禺大山	大塘、官洲、小洲、土华、仑头等	番禺大山等	庙头、双岗、文冲等	琶洲、程界、员村、潭村、渔民新村、猎德、冼村、石牌、寺右、杨箕等
沙美梁	赤沙、北山、琶洲、石基、深涌（珠村、黄村、石溪、宦溪、莲溪、塘口）	北亭、官洲、小洲、土华、仑头等	土华、塘口、珠江、下沙、琶洲、赤坎、市头	下沙、文冲、新溪、珠江村等	琶洲、程界、员村、潭村、渔民新村、猎德、冼村、石牌、寺右、杨箕等
东平梁	深涌（珠村、黄村、石溪、宦溪、莲溪、塘口）	官洲、小洲、土华、仑头等	北亭、市头	文冲、双岗等	琶洲、程界、员村、潭村、渔民新村、猎德、冼村、石牌、寺右、杨箕等
江头黎	深涌（珠村、黄村、石溪、宦溪、莲溪、塘口）	新造礼园、仑头	新造、仑头	文冲、庙头、双岗等	琶洲、程界、员村、潭村、渔民新村、猎德、冼村、石牌、寺右、杨箕等
麦始兴	深涌（珠村、黄村、石溪、宦溪、莲溪、塘口）	官洲、小洲、土华、仑头等	黄埔南湾、天河猎德	南湾、文冲、庙头、夏园等	琶洲、程界、员村、潭村、渔民新村、猎德、冼村、石牌、寺右、杨箕等
车陂龙船会（五月初三来车陂趁景兄弟村）	天河区（程界、员村、潭村、渔民新村、猎德、冼村、石牌、寺右、杨箕、石溪、宦溪、莲溪、珠村、棠下等） 海珠区（南田、瀛洲、仑头、土华、新滘、石榴岗、琶洲、大塘、石基、黄埔村、北山、龙潭、赤岗、赤沙等） 黄埔区（长洲、深井、上庄、下庄、文冲、庙头、南湾、塘口、下沙、珠江、南岗、墩美、新溪等） 番禺区（官洲、新造、北亭、南亭、市头、茭塘、穗石、练溪、赤坎、大山、玉堂村、植村、谢村等） 增城区（简村、派潭等）				

注：五月初三车陂各船会均会前往天河棠下村趁景

（此资料由车陂龙舟文化促进会提供）

后　记

　　近些年，就快到端午节时，就会有众多的朋友问起，去看扒龙舟吗？知道在哪个地方最方便看扒龙舟？我总会说，五月初三去看车陂龙船景吧，那里交通方便，坐广州地铁四号线或五号线，在"车陂"或"车陂南"站下，走进车陂涌就看到从四乡前来趁景的龙船了，那是看龙舟最方便、最热闹的地方。确实，近十多年，每年农历五月初三，我都要到车陂去，挤进人山人海中，看一看那名不虚传的百年车陂龙船景，感受一下那震耳欲聋的鞭炮声，领略百舟欢腾闹水乡的情境，那心情，就如我们老广州人过年，行花街要到西湖路中心花市逛一逛，挤一挤，热闹一番，才心安，觉得过了年。

　　"车陂龙船景"是广府地区端午期间形成的一种岁时风俗。从清代起，每年五月初三，遍布珠三角水乡的兄弟老表乡亲满载情谊，扒着龙船，烧着鞭炮，从四乡前来车陂探访趁景，互访交流。既比龙船技艺，又比龙船装饰，既斗靓又斗威，一年年沿袭下来，形成广府水乡风俗，成为广州地区公认的一大龙船景。2018 年，更是有超过 200 艘龙舟到此趁景。车陂人以龙会友，十几个姓氏祠堂摆上千桌龙船饭，百多艘龙船的锣鼓声、爆竹声响彻云霄，规模之盛大，堪称广州龙舟景之最。坊间素有"未踏车陂龙船地，莫提睇过龙船景"的美誉。

我每年去车陂看龙船已经有十几二十年，随着一年又一年的深入观察，一次又一次地与村民的访谈，发现车陂龙舟文化得益于天时地利人和，是广府地区龙舟民俗的一个典型，既有植根于丰富的乡村祠堂文化，又有现代都市文化的融合与创新，值得抒写推介。我要将这里浓厚的广府人文色彩与历史文化写出来，将村民发自内心地对龙舟文化的热爱写出来，将万民参与齐声喝彩的氛围写出来，将扒龙舟焕发的团结、振奋、拼搏的力量写出来。我要写事、写人还要写情怀，将那维系着各个族群、凝聚着乡情的感人细节写出来，写出那些已经处身为商业繁华社区的，仍然热爱乡土龙舟文化的原住民，当下是怎样传承与发展优秀的传统文化，怎样以"一水同舟"的理念引领与推动着车陂的环境建设，进行河涌保护与文化发展，将传统文化与创新文化互补，形成一个良好的车陂龙舟发展的文化生态，发挥着车陂龙舟在广州市乃至广府地区的影响力。

写作的过程是我调研学习的过程，使我从表面看热闹到深入其中，从观察记录到思考整理，使我从车陂龙舟中加深认知了中华龙舟文化的博大精深。

在此，我衷心地感谢向我提供诸多帮助的广州市车陂经济发展有限公司、天河区车陂龙舟文化促进会以及各位乡亲、朋友，他们带着我逐一采访数十个祠堂，认识上百个父老乡亲，不厌其烦地告诉我有关龙船民俗的相关细节和鲜为人知的故事，让我尽量能将这口耳相传的民俗文化记录下来。感谢郝善楚、苏应昌、苏文治、苏金炽、苏志均、简炽坚、简应时、梁广仲、梁昭武、梁理文、潘穗莎、冯志文、陈周泉、郝富强、郝智源、黄耀均、王洁燊、麦子豪、麦耀明、黎树沾、李明、梁小萍、郭艳红、李光华、孔剑锋、苏淦浩等等提供部分图片及资料，还有些叫不出名的村民，他们不计名利，都为车陂龙舟文化出过大力。此外，还有甘泳贤、天河区车陂龙舟文化促进会为本书提供了精美的图片，一并予以感谢。

在此我要特别感谢《广府文库》的主编岑桑先生。岑老先生是我十分敬重的前辈，也是我父亲曾炜生前的挚友。20世纪中我在海南琼海兵团当知青时写作的第一部短篇小说《转化师傅》就是经岑老先生编辑修订，发表在1973年6月广东人民出版社出版的《峥嵘岁月——上山下乡知识青年短篇小说集》。1990年，岑老先生又为我在花城出版社出版的第一个中篇小说集《一个女人给三个男人的信》写序。跨越近半个世纪后，我也成为给新一代文学青年出书的写序人。这次我有幸能参与广府人联谊会主持出版的《广府文库》系列写作中，再次聆听到岑老前辈的亲切而具体的教导，并目睹与学习了岑老先生亲自为此《广府文库》丛书写序的一稿及修订稿，岑老先生的敬业精神使我深受感动，获益良多，在此深表谢意！

本书稿得到广东人民出版社编辑的大力帮助，并向车陂人多次求证修订，但仍不免存在错漏，希望大家指正，也敬请大家体谅。

再次真诚地谢谢大家！

曾应枫

2021年12月2日